Klassische Schullektüre
Herausgeber: Ekkehart Mittelberg

Georg Büchner
Woyzeck

Lehrerheft
von Meinhard Gerdes, Klaus Hesse und Niels Rüdiger

Cornelsen

INHALT

Umschlaggestaltung: Matthias Mantey

2. Auflage Druck 5 4 3 2 Jahr 98 97 96 95

Druck: Saladruck, Berlin

ISBN 3-454-52060-6

Bestellnummer 520606

gedruckt auf Recyclingpapier, hergestellt aus 100% Altpapier

1. ÜBERSICHT ÜBER DIE EINZELNEN STUNDEN DER UNTERRICHTSEINHEIT

Stunde	Thema der Stunde	Unterrichtsziele	Material/Medien	Unterrichtsform
1. und 2.	„Der Hessische Landbote“	1. Die Sch. können Büchners politische und soziale Vorstellungen beschreiben. 2. Die Sch. diskutieren den „Hessischen Landboten“ hinsichtlich Inhalt und Wirkungsmöglichkeiten.	M1 „Der Hessische Landbote“ (Originaltext) Hörspiel von J. v. Hollander: „Der Hessische Landbote“ (27 Min.; s. Lehrerheft S. 26)	1. Hörspiel 2. Unterrichtsgespräch 3. Schülervortrag 4. Unterrichtsgespräch/ Diskussion
3. und 4.	Der politische Kontext des „Hessischen Landboten“	1. Die Sch. informieren sich über die hist.-polit. Bedingungen in Deutschland. 2. Die Sch. können wesentliche Zusammenhänge zwischen der allgemeinpolitischen Lage in Deutschland und den Zuständen in Hessen-Darmstadt beschreiben.	M3 Landkarte von Deutschland M4 Informationen zur politischen Bildung, Nr. 163 (Auszüge); ggf. Film(e) vom Norddeutschen Rundfunk (s. Lehrerheft S. 31) M6 Karlsbader Beschlüsse M7 „Politischer Kontext 1834“ M8 Ausgewählte Briefe	1. Unterrichtsgespräch 2. Filmvorführung 3. Unterrichtsgespräch 4. Schülervortrag 5. Diskussion
5.	Büchners Entwicklung zum politischen Schriftsteller	1. Die Sch. sollen die wichtigsten Daten zum Lebenslauf Büchners kennen.	Biographie des Dichters (Schülerheft, S. 5) Steckbrief Büchners (Schülerheft, S. 10)	1. Unterrichtsgespräch 2. Partnerarbeit 3. Unterrichtsgespräch
6.	„Der Fall Woyzeck“	1. Die Sch. werden in die Stoffvorlage zum „Woyzeck“ eingeführt.	M11 H. Mayer, „Der Fall Woyzeck“, Auszüge (s. Lehrerheft S. 17) M12 Clarus-Gutachten (Auszüge)	1. Schülervortrag 2. Unterrichtsgespräch (Quellenanalyse)
7.	Einführung in den „Woyzeck“: „Der Mord“	1. Die Sch. entwickeln Fragestellungen, die sich an der Leitfrage: Wie konnte dieser Mord geschehen? orientieren.	**„Woyzeck“** Szene Ha, 5 (s. Schülerheft S. 32)	1. Schülervortrag 2. Unterrichtsgespräch 3. Diskussion 4. Unterrichtsgespräch

Stunde	Thema der Stunde	Unterrichtsziele	Material/Medien	Unterrichtsform
8.	Der Dramenbeginn	1. Die Sch. sollen durch lautes Lesen zum gemeinsamen Erleben des Dramas geführt werden. 2. Die Sch. versuchen Woyzecks Äußerungen zu verstehen.	**„Woyzeck“** Szene Hd, 1 und 2 (s. Schülerheft S. 12–14)	1. Schülervortrag 2. Unterrichtsgespräch 3. Diskussion
9.	Woyzeck und der Hauptmann	1. Die Sch. können die zentralen Inhalte dieses Dialogs wiedergeben. 2. Die Sch. erkennen das Abhängigkeitsverhältnis, in dem Woyzeck zum Hauptmann steht. 3. Die Sch. vermögen den Hauptmann als einen Repräsentanten der unaufgeklärten bürgerlichen Schicht zu identifizieren und dessen inhaltsleere Moralvorstellungen herauszuarbeiten. 4. Die Sch. lernen die unterschiedliche Schichtzugehörigkeit Woyzecks und des Hauptmanns als mitbestimmend für ihr soziales Handeln zu sehen.	**„Woyzeck“** Szene Hd, 5 (s. Schülerheft S. 15–18)	1. Schülervortrag 2. Partnerarbeit 3. Diskussion 4. Unterrichtsgespräch
10.	Woyzeck und der Doktor	1. Die Sch. beschreiben das Verhalten Woyzecks und des Doktors. 2. Die Sch. kennzeichnen Woyzecks Abhängigkeitsverhältnis zum Doktor (Unterschied zum Hauptmann). 3. Die Sch. erkennen, daß Woyzeck nur ein Experimentierobjekt für den Doktor darstellt.	**„Woyzeck“** Szene Hd, 8 (s. Schülerheft S. 20–22)	1. Unterrichtsgespräch 2. Schülervortrag 3. Diskussion 4. Unterrichtsgespräch
11.	Marie – Tambourmajor und Woyzecks Eifersuchtsgefühle	1. Die Sch. können die Entwicklung des Verhältnisses Marie – Tambourmajor erläutern. 2. Die Sch. formulieren, wie es zu dieser Beziehung überhaupt kommen konnte. 3. Die Sch. versuchen, die Auswirkung dieser Liaison auf die Beziehung Marie–Woyzeck zu bestimmen. 4. Die Sch. erkennen, daß Woyzeck Verdacht geschöpft hat und eifersüchtig wird.	**„Woyzeck“** Szenen – Hd, 6 – Hd, 7 – Hd, 4 (s. Schülerheft – S. 18 – S. 20 – S. 14 f.)	1. Schülervortrag 2. Diskussion 3. Schülervortrag 4. Unterrichtsgespräch

Stunde	Thema der Stunde	Unterrichtsziele	Material/Medien	Unterrichtsform
12.	Reaktion Woyzecks auf das Verhältnis Marie–Tambourmajor	1. Die Sch. können Woyzecks „innere Unruhe" erläutern. 2. Die Sch. erkennen die Eskalation des Eifersuchtsgefühls bei Woyzeck. 3. Die Sch. erläutern, wie die Mordabsicht in Woyzeck reift. 4. Die Sch. vermögen den inneren Konflikt, in dem sich Woyzeck befindet, zu beschreiben	**„Woyzeck"** Szenen – Hd, 10 – Hd, 11 – Hd, 12 – Hd, 13 (s. Schülerheft – S. 24 f. – S. 25 f. – S. 26)	1. Schülervortrag 2. Diskussion 3. Schülervortrag 4. Unterrichtsgespräch 5. Schülervortrag 6. Unterrichtsgespräch
13.	Der Mordentschluß	1. Die Sch. erkennen, daß die Niederlage gegen den Tambourmajor Woyzecks Ohnmachtsgefühl, nichts verändern zu können, noch steigert. 2. Die Sch. können die Niederlage Woyzecks gegen den Tambourmajor als endgültigen Umschlagpunkt beschreiben, wonach sich Woyzecks Tötungsabsicht zum Mordentschluß wandelt. 3. Die Sch. erkennen, daß Woyzeck den Mord plant. 4. Die Sch. begreifen Maries Gewissensnot.	**„Woyzeck"** Szenen – Hd, 14 – Hd, 15 – Hd, 17 – Hd, 16 (s. Schülerheft – S. 27 f. – S. 28 – S. 29 – S. 28 f.)	1. Diskussion 2. Schülervortrag 3. Unterrichtsgespräch
14.	Untersuchung des Mordkomplexes	1. Die Sch. stellen dar, daß der Mordkomplex in Szenen gegliedert ist, die in ihrem Zusammenhang die Situation Woyzecks vor und nach dem Mord verdeutlichen. 2. Die Sch. erkennen, daß in der Märchenerzählung gleichnishaft eine hoffnungslose Wirklichkeitserfahrung dargestellt wird, die ein Teil von Woyzecks Bewußtsein ist. 3. Die Sch. können Aspekte von „Verteidigung und Rechtfertigung" im Verhalten Woyzecks darstellen. 4. Die Sch. stellen fest, daß der Schluß des Dramas offen ist und die Frage nach Woyzecks Schuld nicht ausschließlich aus dem Mordkomplex zu beantworten ist.	**„Woyzeck"** Szenen Ha, 4 – 10 (s. Schülerheft S. 30 ff.)	1. Schülervortrag 2. Unterrichtsgespräch 3. Unterrichtsgespräch

Stunde	Thema der Stunde	Unterrichtsziele	Material/Medien	Unterrichtsform
15.	Diskussion der Schuldproblematik und Vergleich von Interpretationsausschnitten	1. Die Sch. erkennen, daß Mord grundsätzlich nicht zu rechtfertigen ist, Woyzecks Schuldhaftigkeit jedoch durch seine Lebensbedingungen eingeschränkt ist. 2. Die Sch. erkennen, daß Viëtors Interpretation die sozialkritische Absicht des Dramas im Ansatz erfaßt, jedoch politische Intentionen und Wirkungen, insbesondere bezogen auf die Stellung des Bürgertums, weitgehend leugnet. 3. Die Sch. erkennen, daß die Interpretation Mays die gesellschaftliche Situation Woyzecks auf eine individuelle Problematik verkürzt und damit die Aussage des Dramas nicht erfaßt wird. 4. Die Sch. erkennen, daß Mayer den Bezug zwischen Woyzecks Lebenssituation und den gesellschaftlichen Bedingungen seiner Existenz herstellt.	M14 Interpretationsausschnitte von – K. Viëtor – K. May – H. Mayer	1. Diskussion 2. Unterrichtsgespräch 3. Unterrichtsgespräch
Ergänzungstunde	Die Raum- und Zeitbehandlung im „Woyzeck“	1. Die Sch. stellen in Abgrenzung zur Situation Woyzecks den Zusammenhang zwischen dem subjektiven Zeitempfinden des Hauptmanns und seiner Lebenssituation dar. 2. Die Sch. erkennen, daß zwischen der von Woyzeck als bedrohlich empfundenen Natur und der Mordtat Zusammenhänge bestehen. 3. Die Sch. begründen, in welcher Weise die inhaltliche und dramatische Gestaltung der Szenen Ha, 5 und Ha, 6 durch die Naturbeschreibung beim Betrachter intensiviert wird.	**„Woyzeck“** Szenen – Hd, 5 – Ha, 5 – Ha, 6 (s. Schülerheft – S. 16–18 – S. 32 – S. 32 f.)	1. Schülervortrag 2. Unterrichtsgespräch 3. Unterrichtsgespräch

2. INTERPRETATION DES „WOYZECK"[1]

Als Georg Büchner am 19. Februar 1837 im Alter von nur 23 Jahren in Zürich starb, hinterließ er neben dem Wenigen, das er fertiggestellt hatte, das Fragment des „Woyzeck", einer nur auf wenigen Foliobögen entworfenen, nicht numerierten Szenenfolge, ohne ausgearbeiteten Schluß. Insofern sind aufgrund der unvollständigen Handschrift alle von späteren Herausgebern geordneten Leseausgaben nur approximative Texte, die, wenngleich wohlbegründet, nicht den Anspruch einer Ausgabe von Hand des Autors selbst beanspruchen können; dies gilt für *Georg Witkowski* (1920) über *Fritz Bergemann* (1922), *Hans Mayer* (1963), *Werner Lehmann* (1967), *Egon Krause* (1969) bis hin zu *Lothar Bornscheuer* (1972).

Die relative Unlesbarkeit des Fragments macht den „Woyzeck" zu einem spröden, unbequemen Text, der keinesfalls zum Konsumieren einlädt. Läßt man sich aber dennoch auf ihn ein und akzeptiert ihn als eine Herausforderung auch für den nicht literaturwissenschaftlich gebildeten Leser, kann dieser fragmentarische Text über alle literaturspezifischen Aspekte hinaus ein Beispiel der Aneignung kultureller Tradition sein.

In dem Versuch, den Text nicht als geschlossene Einheit, sondern sowohl formal als auch inhaltlich als Fragment mit allen dazugehörenden Brüchen zu begreifen, liegt u. E. dann der besondere Reiz dieses unvollendeten, offenen Dramas.

Die Auswahl der Textgrundlage wird entsprechend diesem Interesse mitbestimmt: Gerade weil die Leseausgabe des Dramas von *Lothar Bornscheuer* vom fragmentarischen Charakter der Handschrift ausgeht und werkfremde Harmonisierungen weitgehend vermeidet, erscheint sie uns für den Unterricht besonders geeignet. Abgesehen von wissenschaftlicher Fundierung und Transparenz ist es vor allem die Einbeziehung „des interpretatorischen Mitspracherechts des einzelnen Lesers", die dem Schüler einen Zugang zum literarischen Text eröffnet, wie ihn die Geschlossenheit anderer Ausgaben in dem Maße nicht zuläßt.

Faßt man den Inhalt des Dramas in unzulässiger Kürze zusammen, so erscheint er aus heutiger Sicht beinahe als banales Geschehen aus der sozialen Unterschicht:

1 Die hier vorliegende Interpretation trägt ebenso wie die gesamte Unterrichtsreihe der Tatsache Rechnung, daß sich Büchner praktisch wie literarisch explizit in den Zusammenhang der ihn umgebenden brisanten historischen Verhältnisse gestellt hat. Diesen Bezug interpretatorisch zu verleugnen und sein Werk nur auf einen literarisch-ästhetischen Aspekt zu beschränken, hieße, es unzulässig zu verkürzen und letztlich nicht zu verstehen. Unser Bemühen richtet sich deshalb darauf, den „Woyzeck" als ein gesellschaftlich vermitteltes literarisches Fragment bewußt zu machen, das die konkrete historische Situation in doppelter Weise widerspiegelt: einerseits in seinem inhaltlich-stofflichen Gehalt, andererseits in seiner literarisch-ästhetischen Form, die beide Produkte eines Autors sind, dessen Erfahrungen, Denken und Handeln sehr direkt sozial und politisch bestimmt sind.

Der gemeine Soldat Franz Woyzeck, 30 Jahre alt, ersticht seine Geliebte, Marie, aus Eifersucht, als er merkt, daß sie ihn mit einem Tambourmajor betrügt.

Dieser Eindruck von Banalität stellt sich bei der Lektüre Büchners nicht ein, da die ästhetische Umsetzung des Sujets jeden melodramatischen Einschlag ebenso vermeidet wie vordergründige Wertungen. Was bleibt, ist die Hilflosigkeit und Verzweiflung des Individuums Woyzeck, für das das Zusammentreffen von persönlichen Voraussetzungen und sozialem Eingebundensein in ein hierarchisches Machtgefüge zum ausweglosen Schicksal wird. Wenngleich das Geschehen entscheidend durch die gesellschaftlichen Bedingungen bestimmt wird, in denen Woyzeck lebt, steht die Tragik des in seiner Ohnmacht des Sprechens, Denkens und Handelns ausgebeuteten Menschen im Vordergrund.[1]

Die Handlungsstruktur des Dramas verläuft deutlich erkennbar auf zwei ineinander verschränkten Ebenen. Hier existiert Woyzeck einerseits als ein durch die Herrschafts- bzw. Sozialordnung seiner Lebensverhältnisse bestimmter Mensch, der den Determinanten seiner gesellschaftlichen Existenz ohnmächtig ausgeliefert ist.[2] Andererseits braucht er den Freiraum einer Privatsphäre, in dem er sein individuelles Menschsein entfalten kann. Daß sich beide Ebenen als unvereinbar erweisen, wobei die Privatsphäre dem Geltungsanspruch der gesellschaftlichen Existenzbedingungen zum Opfer fällt, macht den Konflikt des Dramas aus.

In seinem gesellschaftlichen Sein, seiner beruflich-öffentlichen Sphäre, lebt Woyzeck als gemeiner Soldat am unteren Ende einer sozialen Hierarchie, die ihn zum physisch und psychisch verfügbaren Objekt vorgeordneter Autoritäten macht, wie Büchner am Beispiel des Hauptmanns und des als bildungsbürgerlich zu verstehenden Arztes zeigt. Ihren Bedürfnissen und Anforderungen unterliegt er ohnmächtig und widerstandslos. Der Hauptmann, der den Sinn der eigenen Existenz nicht mehr durch die Praxis legitimiert sieht und deshalb die Fragwürdigkeit in seiner Identität unbewußt spürt,[3] gebraucht Woyzeck zur Stabilisierung seines in Zweifel gezogenen Selbstbewußtseins. Für ihn, den sozial und hierarchisch Überlegenen, besitzt Woyzeck die Funktion eines Mediums, das ihm hilft, die eigene Selbstsicherheit zurückzugewinnen. Aus dem Vergleich des Herrschenden mit dem Beherrschten, der als dumm, unmoralisch und tugendlos – Kategorien eines repressiven Verhaltenskatalogs, der der Erhaltung bestehender Herrschaftsverhältnisse dient – apostrophiert wird, geht der Hauptmann gestärkt hervor.

Die Gestalt des Arztes, neben dem Hauptmann die zweite dominierende „Autorität", die Woyzeck ausbeutet, mißbraucht und demütigt, erhält ihr eigentliches Gewicht erst im Kontrast zu seiner schichtenspezifischen Vergangenheit: Der am klassi-

1 Vgl. Mayer Hans: Georg Büchner und seine Zeit. Frankfurt/M. 1972, S. 342.

2 Vgl. Horkheimer, Max: Autorität und Familie. In: H., M.: Traditionen und kritische Theorie. Frankfurt/M. 1968.

3 Vgl. Büchner Georg: Woyzeck – Kritische Lese- und Arbeitsausgabe, hrsg. v. Bornscheuer, Lothar. Stuttgart 1972, Hd, 5. (s. Schülerheft S. 15ff.).

schen Humanitätsideal orientierte und vor allem in Kunst und Kultur artikulierte Anspruch des Bürgertums, sich durch einen eigenen, positiven Wert- und Moralkodex vom Adel abzugrenzen und zu emanzipieren, ist in der Person des Arztes bereits ins Negative umgeschlagen. Aus der Utopie der befreienden bürgerlichen Vernunft wird im 19. Jh. eine Vernunft realer Unterdrückung und Herrschaft.[1]

Büchner versteht und gestaltet den Arzt als Angehörigen einer privilegierten Schicht innerhalb des Bürgertums; als solcher tritt er Woyzeck gegenüber, der gezwungen ist, sich für Experimente im Dienste eines inhumanen, verselbständigten Wissenschaftsverständnisses und eines pervertierten Berufsethos zur Verfügung zu stellen, weil er zur Sicherstellung der eigenen Bedürfnisse über nichts als seine Person und die ihr innewohnende Arbeitskraft verfügt. Er ist genötigt, sich gegen ein geringes Entgelt der Willkür und Macht des verantwortungslosen Arztes auszuliefern, in dessen Bewußtsein Woyzeck seinen menschlichen Charakter verloren hat und nur noch als abstrakter, klinischer Fall existent ist. Auf diese Weise sinkt Woyzeck auf die Stufe der vergewaltigten Kreatur herab, deren trauriges Los noch das des tierischen Versuchsobjekts übertrifft, denn während die Katze, die dem Arzt zu Demonstrationszwecken herhalten muß, einfach das Weite sucht, gibt es für Woyzeck kein Entkommen. Er muß geschehen lassen, was über ihn verfügt wird.[2] Das zynische Diktum des Arztes, „Woyzeck, der Mensch ist frei, in dem Menschen verklärt sich die Individualität zur Freiheit“[3], offenbart in aller Deutlichkeit, daß die bürgerliche Vorstellung von der allgemeinen Freiheit des Menschen eine abstrakt gebliebene Idee ist. Das Prinzip der Aufklärung hat den Menschen philosophisch freigesetzt, beläßt ihn gleichwohl aber in materieller Unfreiheit. Der Widerspruch zwischen bürgerlicher Theorie und Praxis, wie er in der Person des Arztes zum Ausdruck kommt, macht die Tragödie sichtbar, die sich nicht nur an dem Individuum Woyzeck, sondern an seiner gesamten sozialen Klasse vollzieht.

Die Ausbeutung und Demütigungen, die Woyzeck in seiner beruflich-öffentlichen Existenz erfährt, kann er eine Zeitlang im Persönlich-Privaten kompensieren, wo er sein Menschsein zu entfalten glaubte. Erst hier, in dem kirchlich nicht legitimierten und damit rechtlich unverbindlichen Verhältnis zu Marie und ihrem unehelichen Kind, tritt Woyzeck aus seiner Unterdrückung heraus. Im Gegensatz zu der von seiner sozialen Rechtlosigkeit und Subordination erzwungenen Passivität gewinnt er durch Vertrauen, Fürsorge, Mitleid und Verantwortung jenes hohe Maß an aktiver Menschlichkeit, das ihn moralisch über alle anderen Personen des Stückes erhebt. Seine menschliche Moral und Anteilnahme, sein Respekt vor der Würde des

1 So ist es auch nicht verwunderlich, daß Büchner das Vorbild dieses Arztes ausgerechnet in Gießen, wo ihm bürgerliche Engstirnigkeit besonders schmerzlich bewußt wurde, gefunden hat. (Vgl. Mayer, H.: Georg Büchner und seine Zeit, a.a.O., S. 338.)

2 Vgl. Büchner, Georg: Woyzeck – Kritische Lese- und Arbeitsausgabe, a.a.O., He, 1. (s. Schülerheft S. 42f.).

3 Ebd. Hd, 8. (s. Schülerheft S. 20–22).

Menschen, sein Verantwortungsbewußtsein und seine Verläßlichkeit über alle rechtliche Verpflichtung hinaus entlarven den egoistischen, ausbeuterischen Charakter der ihn umgebenden gesellschaftlichen Ordnung, Wertvorstellungen und Autoritäten. Der Hauptmann, der Moral zum Maßstab erhebt, ohne zu wissen, was Moral eigentlich ist,[1] der Doktor, der in hochtrabenden Worten Freiheit und Individualität des Menschen dekretiert, durch sein Verhalten aber die menschliche Würde ohne Unterlaß verletzt, der Tambourmajor, der Maries Bedürfnisse ausnutzt, ohne auch nur im Geringsten an Konsequenzen zu denken – sie alle, die Maßgeblichkeit und menschliche Überlegenheit für sich in Anspruch nehmen, werden als Repräsentanten einer verkehrten und barbarischen Gesellschaftsordnung bloßgestellt. Innerhalb solcher Verhältnisse bezieht Woyzeck den Sinn und Halt seines Seins aus seiner Privatsphäre, in der ihm die Verantwortung gegenüber Marie als Handlungsperspektive aufgibt, dieses Leben, so wie es ist, zu ertragen.

Die Katastrophe bahnt sich an, als die Wirklichkeit, die in Form bürgerlich-aristokratischer Herrschaft Woyzecks berufliche Existenz prägt, totale Geltung beansprucht, indem sie den scheinbaren Freiraum seiner Privatsphäre zu bestimmen beginnt. Wie vorher schon bleibt Woyzeck auch hier ein rein passiv Leidender, der von Kräften beherrscht wird, die außerhalb seiner Persönlichkeit und seines Einflusses liegen. Der Eingriff in sein Privatleben vollzieht sich, als Marie ein Verhältnis mit dem Tambourmajor eingeht. Derselben Klasse wie Woyzeck zugehörig, benachteiligt und überdies wegen ihres unehelichen Kindes mißachtet, zugleich aber attraktiv und lebenshungrig, findet sie in dem ewig „verhetzten", physisch und psychisch heruntergekommenen Mann keineswegs die Erfüllung ihrer Wünsche. Als sich in dieser Lage der Tambourmajor, – durch seine glänzende Erscheinung und seinen sozialen Rang das direkte Gegenteil von Woyzeck –, um sie bemüht, ihr kleine Geschenke bringt und sie als Frau begehrt, findet hier ihr Bedürfnis nach Anerkennung und Selbstbestätigung Befriedigung. Obgleich der Traum vom sozialen Aufstieg realiter längst ausgeträumt ist, läßt sie sich von der Illusion des Auswegs aus der alltäglichen Trostlosigkeit leiten und gibt trotz aller Skrupel und Selbstvorwürfe Woyzeck gegenüber der Sehnsucht nach Glück nach. So drängen das Elend und die Freudlosigkeit ihres Lebens Marie zu einer Entscheidung, die sie, wenngleich nicht subjektiv, so doch objektiv verfügbar macht im Interesse der sozial Herrschenden, deren Repräsentant der Tambourmajor ebenso ist wie der Hauptmann und der Doktor. Indem Marie ihrem aus kümmerlichen Lebensverhältnissen entspringenden Glücksverlangen nachgibt, gibt sie den Mann, der als einziger ihre menschliche Würde respektiert und sich in Sorge um sie bis zur Selbstverleugnung aufopfert, zugunsten eines anderen auf, der ihre Illusionen nährt, ohne sie jemals einzulösen.

In der Jagd nach ein wenig Glück bleibt vor allem Woyzeck auf der Strecke. Rechtschaffen, einfältig und voller Vertrauen wird er sich Maries Verrat nur mit quä-

1 „Moral das ist wenn man moralisch ist, versteht Er. Es ist ein gutes Wort." (Ebd. Hd, 5.)

lender Langsamkeit bewußt. Ihr Verlust bedeutet für ihn den Verlust alles dessen, was seinem erbärmlichen Leben bislang überhaupt noch einen Sinn gegeben hatte. Seine Existenz, die bis dahin voller Opfer gewesen war, muß ihm nun endgültig überflüssig und unerträglich werden.

Als Woyzeck in einer Wirtshausschlägerei dem betrunkenen Tambourmajor unterliegt, erreicht die lange Kette seiner Niederlagen ihren Höhepunkt. Die psychische Erniedrigung, deren soziale Ursachen er infolge der Mittelbarkeit ihres Erscheinens nicht erkennen kann, schlägt in der Begegnung mit dem Tambourmajor ins Physisch-Konkrete um. Im Gefühl unbeschreiblicher Hoffnungslosigkeit ersteht Woyzeck ein Messer und richtet es aus der eingeschränkten Wirklichkeitsauffassung eines psychisch Geschädigten heraus nicht gegen seine Unterdrücker, sondern gegen Marie, die im Grunde ebenso Opfer ist wie er selbst. Auf diese Weise wird der Konflikt auf der inadäquaten persönlichen Ebene gelöst. Doch die Lösung ist nur scheinbar, denn anstatt eine positive Veränderung herbeizuführen, bestätigt sie Woyzecks Niederlage. Der Mord an Marie löscht endgültig alles aus, was jemals seinem Leben Bedeutung gab.

Das Schicksal Woyzecks demonstriert, wie die Aufklärung in ihr Gegenteil umgeschlagen ist. Der Anspruch des Bürgertums, den Menschen freizusetzen und ihn zum Herrn über die Natur und die Welt zu machen, gilt nur partiell; in bezug auf die soziale Klasse, der Woyzeck angehört, wird er ad absurdum geführt. Woyzeck ist zum Sklaven einer Realität geworden, der er ausgeliefert ist, weil er in ihr keine Handlungs- und Einflußmöglichkeiten besitzt. Diese Anteilslosigkeit, die inhaltlich in seiner Reduziertheit auf elementare und natürliche Bedürfnisse, seiner absoluten Verfügbarkeit und Passivität Ausdruck findet, erhält ihre formale Entsprechung auf allen Ebenen des Textes.

Symptomatisch für die Entfremdung des Individuums gegenüber seiner erlebten Realität ist vor allem die Eingangsszene[1], in der Woyzecks Verständnislosigkeit und Hilflosigkeit formuliert wird. Für ihn ist die Welt nicht der Lebensraum, den er sich angeeignet hat und über den er verfügt; vielmehr ist sie hohl und von derart „doppelter Natur"[2], daß er ihren rational und sprachlich nicht faßbaren Teil als ständige Bedrohung erlebt. Diese Welt ist für Menschen wie Woyzeck kein Zuhause, sondern Teil eines hoffnungs- und sinnlosen Universums, wie es parabolisch in dem Märchen der Großmutter beschrieben wird[3]. Hier ist er bis in seine Privatsphäre hinein das ohnmächtige Objekt von sozialen Kräften und Mächten, die er nicht durchschaut und begreift, jedoch ständig als diffuse Bedrohung empfindet. Dem aus seiner sozialen Funktion entspringenden Unvermögen, eigenverantwortlich zu handeln und sein Leben persönlichen Entscheidungen zu unterwerfen, folgt das Unvermögen, diese Welt

1 Vgl. ebd. Hd, 1. (s. Schülerheft S. 12).
2 Vgl. ebd. Hd, 8. (s. Schülerheft S. 20–22).
3 Ebd. Ha, 4. (s. Schülerheft S. 14).

rational und sprachlich zu erfassen. Was vordergründig als krankhafter Wahnsinn erscheint, ist in der Tat der Versuch, mit biblischen Vorstellungen und apokalyptischen Klischees das Unsagbare zu sagen, ist das Bemühen, das Grauen in einer Wirklichkeit auszudrücken, an die der Verstand nicht heranreicht. In Woyzecks Sprache, seinen nur deskriptiven Satzfetzen, abgerissenen, dialektgefärbten, unvollständigen Formulierungen, spiegelt sich diese Unfähigkeit des sinnvollen, zusammenhängenden und argumentativen Begreifens wider. So offenbart der Versuch, dem Doktor das Empfinden der eigenen Gefährdung mitzuteilen, in exemplarischer Weise Woyzecks Hilflosigkeit.

„Sehn Sie Herr Doktor manchmal hat man so'nen Charakter, so'ne Struktur. – Aber mit der Natur ist's was anders, sehn Sie mit der Natur (. . .) das ist so was, wie soll ich doch sagen, zum Beispiel –"[1].

Was letztlich aus Woyzeck wird, ob er Selbstmord begeht oder ergriffen und vor Gericht gestellt wird, bleibt angesichts des fragmentarischen Charakters des Dramas Spekulation. Für die Handlung ist es kaum mehr von ausschlaggebender Bedeutung, da Woyzeck mit dem Mord an Marie ohnehin jede Perspektive verloren hat. Übrig bleibt mit Woyzeck ein physisch, psychisch, geistig und sprachlich verkrüppelter, vereinsamter und zerstörter Mensch. Für seine Art Menschlichkeit läßt die inhumane Herrschaftsordnung des Vormärz keinen Raum. Diese Erfahrung literarisch so gestaltet zu haben, daß im persönlichen Schicksal Woyzecks die sozialen Ursachen seiner Tragödie transparent wurden, ist das große Verdienst Büchners.

1 Ebd. Hd, 8.

3. DIDAKTISCHE ANALYSE DER UNTERRICHTSEINHEIT

Für die Schüler stellt dieses Drama keine bequeme Schullektüre dar: die nicht unmittelbar verständliche Diktion, die historische Gebundenheit vieler Ausdrucks- und Redeformen, der mehrschichtige Handlungsablauf und vor allem der fragmentarische Charakter des Werkes erschweren Zugang und Interpretation.

Besonders durch die fragmentarische Textgestalt sind Handlungsablauf und Motive der handelnden Personen für die Schüler nicht leicht durchschaubar. Da also bei einer ersten Ganzlektüre in der Regel Verständnisschwierigkeiten auftreten werden, ist es angezeigt, eine schrittweise Szenenerarbeitung vorzunehmen, die – unter Berücksichtigung fortschreitender Texterfahrung – zu Erkenntnisgewinn führt und damit Schülermotivation sukzessive aufbaut. Der hohe Schwierigkeitsgrad des „Woyzeck" muß in Unterrichtsplanung und -praxis zu gezielten didaktischen Reduktionen führen. Diese Reduktionen müssen sich an der Situation der Lerngruppe orientieren, ohne jedoch dabei auf das Niveau falsch verstandener Vereinfachung zu geraten.

Im Vordergrund steht die Zielsetzung, die sozialkritische Funktion des Dramas zu erarbeiten und darüberhinaus die differenzierte, individuelle Gestaltung der Figuren nicht zu vernachlässigen.

Dabei muß besonders dem artifiziellen Charakter des Dramas in der Gestaltung der Figur Woyzecks Rechnung getragen werden. Es muß den Schülern bewußt werden, daß Woyzeck eine von Büchner „gestaltete", in seinen situativen Reaktionen geplante Figur ist. Eine ausschließlich auf den Text beschränkte Interpretation würde ihr Ziel verfehlen, weil vieles im Verhalten Woyzecks nur aus gesellschaftlichen und historischen Hintergründen verstanden werden kann. Soziale und psychologische Erklärungsmomente unter gründlicher Berücksichtigung des Textes und ergänzt durch wirkungsgeschichtliche und literarhistorische Einordnungsversuche sollen zu einer umfassenden Interpretation führen.

Aus dieser Komplexität des Werkes und der in ihm angelegten Interpretationsmuster ergibt sich auch, daß Büchners „Woyzeck" erst gegen das Ende der Sekundarstufe I gelesen werden sollte. Bei der Erarbeitung des Textgehaltes ist auf eine didaktisch genau eingegrenzte, für die Schüler durchschaubare Schwerpunktbildung der Themenkomplexe zu achten. Die innere Strukturierung der Arbeitsschwerpunkte läßt sich zusammenfassend an folgender Gliederung verdeutlichen:

3.1 Arbeitsschwerpunkt:
Historischer Hintergrund und Biographie

- Büchners politische Haltung am Beispiel des „Hessischen Landboten"
- historische Bedingungen zur Zeit Büchners
- Biographie Büchners
- stoffliche Vorlagen zum „Woyzeck"

3.2. Arbeitsschwerpunkt:
Texterarbeitung/Detailanalyse
- Rekonstruktion der Motive und Ursachen des Mordes
- Personenkonstellation und Sprachverhalten der Figuren
- Entwicklung Woyzecks im Gang der Handlung
- gesellschaftliche und individuelle Bedingungen des Identifikationsverlustes:
  a) erzwungene Abhängigkeit
  b) gescheiterte Liebesbeziehung
  c) Verlust an Geborgenheit
  d) „Sprachverstümmelung"

3.3 Arbeitsschwerpunkt:
Aspekte übergreifender Textdeutung
- Interpretationsvergleich
- dramen- und gattungstheoretische Aspekte: Form – Inhalt – Sprache

Literaturhistorisch findet Büchners „Woyzeck" von seinem Erscheinen im Jahre 1879 an bis zur Gegenwart hin Interesse und Beachtung.

Die in der Handlung problematisierte Abhängigkeit des ausgelieferten Individuums wie auch die dramatische Gestaltung des Werkes geben Aufschluß über gesellschaftliche Lebensbedingungen und die Entwicklung realistisch-poetischer Darstellungsformen.

Büchners Abkehr von der idealistischen Schreibweise, das Vordringen zu analytischer Wirklichkeitserfassung tritt im „Woyzeck" deutlich zutage. Das Werk wird zur sozialkritischen Anklage, zum Angriff auf die feudalistisch verkrusteten Zustände und das saturierte Bürgertum seiner Zeit. Dennoch wäre es falsch, die Aussage auf diesen sozialkritischen Aspekt einzuschränken. Der Wert dieses Dramas liegt gerade in der Vielfalt der Konfliktlagen, in die Woyzeck gestellt ist. Die Auseinandersetzung mit der materiellen Not, dem psychischen und physischen Verfall, dem Verlust emotionaler Bedingungen, dem Mangel an Mitteilungsmöglichkeiten und nicht zuletzt die Preisgabe tradierter religiöser und teleologischer Lebensbedingungen, kennzeichnet seine tragische Existenz.

Didaktische Strukturierungen müssen sich an der Vielfalt dieser Aspekte orientieren, will man nicht Gefahr laufen, den „Woyzeck" zu einer historisch abgeschlossenen politischen Anklage zu verengen.

Damit stellt sich zugleich die entscheidende Frage:

Was kann Erarbeitung des Dramas dem heutigen Schüler vermitteln?

Inwieweit läßt das Schicksal Woyzecks exemplarische Deutungen für die eigene Lebenssituation zu?

Am deutlichsten stellt sich den Schülern diese Problematik in der Frage nach den Ursachen des Identifikationsverlustes, dem Persönlichkeitsverfall, den Woyzeck erleidet: Wie gerät dieser Mensch in gesellschaftliche Abhängigkeit? Welche Möglichkeiten hat er, dem scheinbar vorgezeichneten Lebenslauf zu entgehen?

Der Nachvollzug dieses Leidensweges und zugleich die Distanzierung davon soll für die Schüler zu einem motivierenden Element eigener Texterfahrung werden.

Falsch verstanden, kann diese Distanzierung im Verständnis der Schüler auch das Ergebnis voreiliger Mißdeutung sein: Woyzeck wird als „Psychopath" charakterisiert, aus dessen Lebensweg es wenig für die eigene Erfahrung zu lernen gäbe.

Erst die schrittweise Erarbeitung einer eigenen Interpretation, um Woyzecks Verhaltensmotivation zu verstehen, nämlich seinen Verlust an Geborgenheit und Sinnzusammenhängen, erschließt den Schülern Berührungspunkte zu ihrer Wirklichkeit.

Besonders die „Sprachverstümmelung", die sich zeigt, wenn Woyzeck sein Leiden zu formulieren sucht, und die Ablehnung, die er durch die ihm vorgesetzten „Autoritäten" erfährt, sind für die Schüler Texterfahrungen, die betroffen machen. Ebenso die unglückliche Beziehung zu Marie, aus der sich die Frage nach der individuellen Schuld Woyzecks entwickeln läßt.

Diese Fragen liegen, wie unterrichtliche Erprobungen gezeigt haben, durchaus im Erfahrungsbereich der Schüler. Entscheidend bei deren Aufarbeitung ist jedoch, ob es gelingt, dem Schüler die Verschränkung des gesellschaftlichen Kontextes, in dem Woyzeck lebt, und Woyzecks persönlicher Verantwortung darin zu vermitteln.

Das Determinationsproblem, die Unfähigkeit Woyzecks zu bewußter Veränderung, gerät dabei als wesentliches Element seiner Biographie in den Blick. Büchners „Woyzeck" kann für die Schüler insofern zum exemplarischen Stück sozialen Lernens werden, als sie durch die Interpretation beginnen, Verständnis für den Zusammenhang von individueller Verantwortung und gesellschaftlicher Bindung zu entwickeln. Diese didaktische Zielsetzung ist jedoch äußerst differenziert in den Unterricht einzubringen. Gelingt dies nicht, liegt die Gefahr nahe, daß die gesellschaftliche Determinante überinterpretiert wird. Das heißt, die Schüler unterschätzen den Aspekt der Eigenverantwortung und betrachten die Situation des Individuums ausschließlich als das Ergebnis gesellschaftlicher Abhängigkeit.

Die Deutung des Zusammenhanges zwischen Sein und Bewußtsein findet sich auch in bekannten Interpretationsbeispielen:

„Als großer Realist gestaltet er (Büchner, d. Vf.) aber den ausgelieferten, ausgebeuteten, ruhelos hin- und hergejagten, von jedem getretenen Woyzeck, die großartigste Gestalt des damaligen ‚Armen' in Deutschland . . . Büchner gestaltet die physische und ideologische Hilflosigkeit Woyzecks gegen seine Unterdrücker und Ausbeuter; also eine reale gesellschaftliche Hilflosigkeit, die vom Sein aus gestaltet ist . . ."[1]

Eine Interpretation, die die individuelle Lebenssituation aus dem gesellschaftlichen Sein zu erklären sucht, entspricht der Dramenintention Büchners, wird aber we-

1 Lukács, Georg: Der faschistisch verfälschte und der wirkliche Büchner, in: Martens, Wolfgang: Georg Büchner, Darmstadt 1965, S. 216f.

gen ihrer ausschließlichen Einschränkung auf diesen Zusammenhang der Vielfalt der im Woyzeck angelegten Motive nur teilweise gerecht. Diese Position G. Lukács läßt sich jedoch literarhistorisch aus dem Widerspruch gegen idealisierte Büchnerinterpretationen erklären.[1]

Ebenso stellt der Versuch, den Schülern Woyzeck als das an sich selbst leidende Individuum – fern gesellschaftlicher Bindungen – darzustellen, eine Einschränkung möglicher Interpretationen dar.

3.1 Historischer Hintergrund und Biographie

Der unterrichtliche Einstieg in die Lektüre des „Hessischen Landboten" kennzeichnet die Bedeutung der historischen Fakten und politischen Hintergründe für das Werk Büchners.

Der „Hessische Landbote" (1834) bietet in Inhalt und Form eine Abrechnung mit dem Feudalismus und der politischen Korruption.

Büchner berechnet darin das Ausmaß einer Ausbeutung, hinter dem sich das menschliche Leid einer geknechteten Bevölkerung verbirgt. Die Kraft der faktischen Darstellung, des Nachprüfbaren, wird erstmalig überzeugend gegen politische Unterdrückung eingesetzt. Die Aufdeckung politisch-gesellschaftlicher Verflechtungen und der moralische Anspruch an die politisch Verantwortlichen kennzeichnen an wesentlichen Stellen die Absicht dieser Schrift:

„Kommt ja ein ehrlicher Mann in einen Staatsrath, so wird er ausgestoßen. Könnte aber auch ein ehrlicher Mann jetzo Minister seyn oder bleiben, so wäre er, wie die Sachen stehen in Deutschland, nur eine Drahthpuppe, an der die fürstliche Puppe zieht und an dem fürstlichen Popanz zieht wieder ein Kammerdiener oder ein Kutscher oder seine Frau und ihr Günstling, oder sein Halbbruder oder alle zusammen."[2]

Der Antagonismus zwischen Adel, Bürgertum und dem geknebelten Volk wird in der Büchnerschen Darstellungsweise zum gestaltenden Prinzip.

Seine Parteinahme für das Volk läßt ihn zu einem bewußt politisch handelnden Menschen werden. So ist der in der Biographie (vgl. Schülerheft S. 5ff.) nachgezeich-

1 Lukács, Georg: Der faschistisch verfälschte und der wirkliche Büchner, in: Martens, W., a.a.O.
Lukács wendet sich gegen die Literaturwissenschaftler, die die „Gesamtgesellschaftskritik Büchners" auflösen und in ihrem Sinne nutzbar machen.
„Auch im Falle Georg Büchners haben die Faschisten Vorläufer in den Literaturwissenschaftlern der imperialistischen Periode, vor allem in Friedrich Gundolf. Er macht freilich aus Büchner ‚nur' einen verspäteten Romantiker, einen Dichter der ‚Stimmung'." (S. 197)

2 Büchner, Georg: Der Hessische Landbote, in: Schraub, Gerhard: Georg Büchner, „Der Hessische Landbote", Texte, Materialien, Kommentar, München 1976, S. 16.

nete Lebensweg von der politischen Aktion durch den „Hessischen Landboten“ zum parteilichen Poeten nur konsequent.

Für die Lektüre des „Woyzeck“ bietet sich die Reihenfolge: „Hessischer Landbote“ / historischer Hintergrund / Dramenanalyse in besonderer Weise an, da Leben und Werk Büchners eng mit dem historischen Geschehen in seiner Zeit verflochten sind. Unter diesem Aspekt ist der „Woyzeck“ als ein Teil eigener erlebter Realität zu verstehen. Die Figur Woyzecks ist in der dramatischen Exposition des Werkes verfremdet, findet jedoch ihre weitgehende Entsprechung in den Originalakten des Falles Johann Christian Woyzeck aus dem Jahre 1821. In der deutlichen Adaption wird das Interesse Büchners an der Ursprungssituation deutlich. Der Gutachterstreit, der die Einsicht Woyzecks in die eigene Schuld problematisiert, zeigt, wie entscheidend die Lebensumstände der historischen Person zur Mordtat hinführten.

In einem Parallelfall läßt sich auch die historische Dimension der Auseinandersetzung erkennen, da im Gutachterstreit die Grenzen des damaligen Rechtes und der Strafrechtspraxis in Frage gestellt wurden.

„Nimmt man daher alle Umstände, welche die That des S. begleiten, in ihrem Zusammenhange . . . in nähere Betrachtung; so erscheint der Mangel des Motives zur That, welches die strengste und sorgfältigste Untersuchung zu entdecken nicht vermochte, als ein gewöhnliches Merkmal einer verkehrten (hier zugleich gesetzwidrigen) Handlung, welche im Zustande einer wahren Seelenstörung begangen wurde, welche während der That dem S. diejenige Freiheit des Geistes raubte, deren Jeder nothwendig bedarf, um die moralische Natur seiner Handlungen richtig würdigen zu können, und den Gedanken an die vom Staat auf die Übertretung des Gesetzes bestimmten Strafen aufkommen zu lassen!“[1]

Im Gegensatz zum hier angesprochenen Fall Schmolling erscheint im Falle Woyzeck die treulose Geliebte als Tatmotiv. Ungeachtet dessen konnte Büchner auf Grund der historischen Gutachterlage die Frage nach der „Schuld“ und nach der „Einsicht des Täters in seine Tat“ auf dem Hintergrund moralischer, psychologischer und gesellschaftlicher Beziehungen beurteilen und dramatisieren. Im Vergleich mit dem Originalfall (s. Schülerheft, M 11) wird den Schülern deutlich, daß in der Dramenfigur Woyzeck vieles aus der historischen Wirklichkeit nachgestaltet wurde. Eindeutig akzentuiert finden sich im dramatischen Handlungsverlauf die determinierenden Bedingungen, die im Verhalten Woyzecks den zwanghaften Charakter des Mordes erklären.

Der entscheidende Zusammenhang zwischen individueller Entwicklung und gesellschaftlicher Bindung im Verständnis Büchners wird auch aus einem Brief an die Familie vom Februar 1834 erkennbar: „Ich verachte niemanden, am wenigsten wegen seines Verstandes oder seiner Bildung, weil es in niemandes Gewalt liegt, kein

1 Horn-Gutachten zum Fall Schmolling, in: Archiv für medizinische Erfahrung im Gebiete der praktischen Medizin und Staatsarzneikunde, (Hrsg.) Dr. Horn in Berlin, Dr. Nasse in Bonn, Dr. Henke in Erlangen, Jg. 1820 März/April, Berlin 1820, S. 365.

Dummkopf oder kein Verbrecher zu werden – weil wir durch gleiche Umstände wohl alle gleich würden und weil die Umstände außer uns liegen."[1]

Zugleich wird in dieser Überzeugung Büchners auch ein Gesellschaftsverständnis deutlich, das von sozialer Parteilichkeit geprägt ist und sich gegen gottgewollten Adel, Feudalismus und selbstherrliches Bürgertum richtet. Diese Parteinahme für das Volk findet in der Gestaltung der Figur Woyzecks ihren Ausdruck. Demgegenüber sind der Hauptmann und der Doktor Charaktere, die im wesentlichen auch stellvertretend für die Schicht stehen, der sie angehören.

In Kenntnis des historischen Hintergrundes begreifen die Schüler, daß die Reaktionen Woyzecks nicht nur Ausdruck individueller Hilflosigkeit sind, sondern vor allem auch Ergebnis gesellschaftlicher Abhängigkeit darstellen. Entscheidend für die Erarbeitung des historischen Materials ist die Erkenntnis des perspektivischen Zusammenhanges zwischen historischer Wirklichkeit und dramatischer Fiktion. Die für den Unterricht ausgewählten historischen Originaltexte (vgl. Materialienteil im Schülerheft, siehe insbesondere M 8 und M 13, Büchners Briefe, ferner auf S. 10 den Steckbrief von ihm) entwickeln beim Schüler ein so starkes inhaltliches Interesse, daß bereits eine starke „Vor"-Motivation zur Textarbeit am Drama aufgebaut ist.

3.2 Texterarbeitung / Detailanalyse

In der unterrichtlichen Erarbeitung des Dramas muß besonders die fragmentarische Textgestalt berücksichtigt werden. Da eine von Büchner selbst autorisierte Szenenfolge nicht vorliegt, orientieren sich bekannte Büchnerausgaben (vgl. Interpretation S. 7) am rekonstruierten Fortlauf der handgeschriebenen Foliobögen und an der inneren Logik der Handlung. Daraus folgt, daß eine Reihenfolge des Szenenablaufes nur bedingt gegeben ist. Einzelszenen tragen häufig den Charakter unvollendeter, ausschnitthafter Bildsequenzen, die sich nur aus der Gesamtinterpretation des Dramas erschließen lassen. Es wäre falsch, aus Gründen unterrichtlicher Vereinfachung, die historisch vorgegebene Strukturoffenheit des Textes zu glätten: Die relative Variationsmöglichkeit des szenischen Ablaufes muß für die Schüler selbst zu einem interpretierbaren Unterrichtsgegenstand werden.

Die Textsituation ermöglicht mehrere, durch die Veränderung der Szenenfolge bedingte Lesarten.

Für die Einführung des Dramas ist entscheidend, welche Szene als Einstieg in die Lektüre dienen soll.

1 Büchner, Georg: (Brief) An die Familie, Gießen im Februar 1834, in: Büchner, Georg, Werke und Briefe, Bergemann, Fritz (Hrsg.) München ^{8}1976 (dtv), S. 164.

Ein ungewöhnlicher, stark motivierender Einstieg kann durch die „Mordszene" (Ha,5) erreicht werden. Die grausame Mordtat läßt die Frage nach den Motiven Woyzecks aufkommen. Damit ist zugleich eine wesentliche Leitfrage für die gesamte Erarbeitung des Dramas gestellt. Die folgende unterrichtliche Textanalyse wird von der Motivation getragen, Ursachen und Hintergründe des Mordfalles zu klären. Dieser methodisch-systematische Ansatz findet seine Entsprechung auch in einer Dramaturgie, die ihre Tradition in historischen und gegenwärtigen Kriminaldarstellungen hat und daher den Schülern vertraut sein müßte.

Die Intention des Dramas rechtfertigt diese Vorgehensweise, da letztlich die Personenbeziehungen, in die Woyzeck gestellt ist, ihre Bedeutung finden. Die Darstellung der Personenkonstellation sollte daher besonders sorgfältig erarbeitet werden. Grundsätzlich können folgende Beziehungen unterschieden werden: Hauptmann – Doktor, Doktor – Woyzeck, Hauptmann – Woyzeck, Tambourmajor – Woyzeck und Marie – Woyzeck, Marie – Tambourmajor. Diese Trennung dient zunächst der Unterscheidung verschiedener Handlungsebenen. Gemeinsamkeiten und Unterschiede in der Beziehung Woyzecks zu den mit ihm konfrontierten Figuren sind der Schwerpunkt dieser Erarbeitungsphase.

Handlungsgefüge

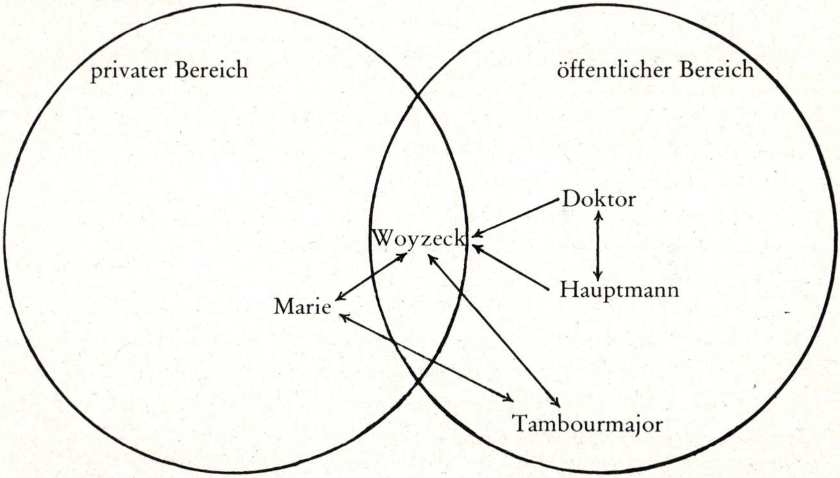

Zugriff auf Woyzeck:

a) psychisch – mittelbar – auf dem „Umweg" über Marie/Tambourmajor
b) psychisch und physisch – unmittelbar – direkte Auseinandersetzung (Hauptmann/Doktor)

Den Schülern soll deutlich werden, daß Woyzecks psychischer und physischer Verfall durch das „Ausbeuterische" dieser Beziehungen geprägt ist.

Die Frage nach der Determination des späteren Mordkomplexes (Ha, 4–10) gewinnt in diesem Zusammenhang an Bedeutung, da sich die Ausweglosigkeit in Woyzecks Verhalten verstärkt.

Die Beziehung Marie – Tambourmajor, die in der Texthandlung als primäres Tatmotiv Woyzecks dargestellt wird, läßt sich ebenfalls unter diesem Aspekt genauer untersuchen.

Maries Verhältnis zum Tambourmajor ist einerseits sexuell motiviert, andererseits mit der Hoffnung auf sozialen Aufstieg verbunden. Insbesondere der Wunsch nach sozialer Anerkennung bleibt ihr in ihrem Verhältnis zu Woyzeck versagt.

Woyzecks Situation kann aus der Untersuchung dieser Szenenaspekte als fortschreitender Verlust der eigenen Identität, als ein Verlust letzter Geborgenheit verstanden werden. Zwar erkennt er, daß Moral und Tugend des Hauptmanns schichtenspezifische Voraussetzungen haben (Hd, 5, S. 15ff.), weiß aber dieses Wissen in seinem Verhalten nicht zu gebrauchen. Sein Widerstand wird zu einem Versuch individueller Selbstbefreiung, die in dem Mord an Marie ihren schärfsten Ausdruck findet. Er kann Marie nur in ihrem Tod wirklich besitzen.

Schlüsselszenen des Dramas wie z. B. Hauptmann – Woyzeck/ Beim Rasieren (Hd,5) oder Doktor – Woyzeck/ Erbsenexperiment (Hd,8) sollten durch rollenverteiltes interpretierendes *Lesen* nachvollzogen werden, da sich so erst in der Audition die „grausame Behandlung" voll erschließt.

Die Gestaltung eines Bühnenbildes oder verschiedener Kostümentwürfe können darüber hinaus Aufschluß geben, inwieweit die Schüler inhaltlich in das Verständnis dieser Szenen vorgedrungen sind.

Korrespondierend zur Entwicklung des Mordgeschehens könnten ausgewählte Einzelszenen inhaltlich gruppiert werden.[1] So z. B. die Szene: Buden/Lichter, Volk (Hb, 1/Hb,2), da sie mit beißender Ironie und karikierendem Spott gesellschaftliche Hierarchien anprangert und als unmenschlich entlarvt.

Ebenso kann die Wirtshausszene in diesem Zusammenhang erarbeitet werden (Hd,11). Die vermeintliche Predigt des ersten Handwerksburschen macht eine tiefe Resignation deutlich, die in die Umkehrung religiöser Wertvorstellungen mündet: Der Mensch ist nicht mehr Gottes Schöpfung, sondern auszubeutendes Objekt einer in sich korrupten Gesellschaft, in der selbst materielle Werte keinen Bestand mehr haben („. . . selbst das Geld geht in Verwesung über.").

Einen eigenen Gegenstand bilden die Lyrismen, Lieder, märchenhaften Erzählungen, die in ihrer Tendenz Nihilismus und Lebensfeindlichkeit verstärken.

Die Märchenerzählung (Mordkomplex Ha,4) verdeutlicht, wie perspektivlos die eigene Existenz empfunden wird. Die Metapher des umgestürzten Hafens für die Erde symbolisiert, wie fern Zuflucht und Rettung sind.

1 Die von Bornscheuer an den Schluß gestellten Einzelszenen sind deshalb ausgegliedert worden, weil ihr Standort im Fragment nicht geklärt ist. Hinweise auf ihre ergänzende unterrichtliche Bedeutung finden sich in der Stundenübersicht auf Seite 3ff.

3.3 Aspekte übergreifender Textdeutung

Interpretationsvergleich

Im Anschluß an die ausführlichen Einzeluntersuchungen der Dramenszenen stellt sich den Schülern im 3. Arbeitsschwerpunkt die Aufgabe übergreifender Textdeutung. Vor einer urteilenden Zusammenfassung der Arbeitsergebnisse ist die Untersuchung kontrastiver Fremdinterpretationen sinnvoll. Es soll den Schülern deutlich werden, in welcher Weise unterschiedliche Beurteilungsstandpunkte zu kontroversen Ergebnissen in der Auslegung der Dramenintention führen können.

In der Auseinandersetzung mit anderen Interpretationen soll ein eigener abgewogener Standpunkt erreicht werden. Der Schwerpunkt der vergleichenden Textuntersuchung am Beispiel ausgewählter Interpretationsausschnitte liegt auf der inhaltlichen Erarbeitung von Gemeinsamkeiten und Unterschieden in der Aussageabsicht.

Die Reflexion über methodische Voraussetzungen der Interpretationsansätze sollte eingeschränkt bleiben und sich unmittelbar an der gewählten Textvorlage orientieren. Eine differenzierende Methodenanalyse überschreitet den Rahmen der vorliegenden Unterrichtseinheit und wird als eigener Unterrichtsgegenstand der Sek. II vorbehalten bleiben. Die Schüler sollten jedoch den urteilenden Standpunkt des jeweiligen Interpreten erfassen und daran eigene Kritik und Zustimmung begründen können. Historische oder literaturtheoretische Bedingungen der Interpretationen werden, soweit sie für den Unterricht von Bedeutung sind, als Lehrerinformation eingebracht.

Zum Vergleich werden folgende Interpretationsausschnitte[1] (siehe Schülerheft M 14, S. 92) vorgeschlagen:

Karl Viëtor (1936)
Kurt May (1950)
Hans Mayer (1946)

zu Viëtor:

Karl Viëtor hebt „das Schicksalhafte“ an der Figur des Woyzeck hervor, ohne jedoch die gesellschaftlich-sozialkritische Intention Büchners zu verkennen. Dennoch bleibt der von Viëtor gebrauchte Terminus „Schicksal“ im Bereich des historisch und politisch Unverbindlichen. Woyzeck sei in „seinem Hauptanliegen“ kein „soziales“ Stück, das Bürgertum „nur ein Teil der Mächte, die Woyzecks Martyrium und Untergang bestimmen . . .“

1 Martens, Wolfgang: Georg Büchner, a.a.O.
– zu *Karl Viëtor*, S. 168f. und S. 173, zu *Kurt May*, S. 248f., zu *Hans Mayer*, S. 234.

Die Schüler können an dieser Interpretation erkennen, daß die weitgehende Leugnung der gesellschaftskritischen Funktion des Dramas und insbesondere die falsche Verteidigung des Bürgertums Ausdruck textimmanenter Deutung sind. Woyzecks Leidensweg wird zur individuellen Problematik verkürzt: „. . . ein Elender, ein armer Dulder: siehe da, ein Mensch!"

zu May:

Kurt Mays Interpretation drückt die Suche nach einer einfühlsamen Charakteristik des Woyzeck aus. Woyzeck ist der ganz andere, „ein kleiner Mann mit einem starken Herzen." Für May sind die gesellschaftlichen Bedingungen, unter denen Woyzeck lebt, ein Zusammenstoß von „innen" und „außen", tragische Ereignisse, die er von „innen" her zu überwinden sucht. May übersieht, daß das, was er „innen" nennt, offensichtlich die Gedanken und Gefühle Woyzecks, großenteils von „außen", also durch gesellschaftliche Einflüsse, geprägt wurde. Die Interpretation Mays wird zu einem Appell an die Menschlichkeit des Lesers. Woyzeck bezeuge, „daß es in dieser verrotteten, lieblos gewordenen Welt noch Menschen gibt, daß es die Kraft der Liebe noch gibt".

May zieht daraus den falschen Schluß, daß in der Figur des Woyzeck, „in der tragischen Geschichte eines gequälten, großen Herzens . . . der Aspekt des gräßlichen Fatalismus als allherrschend in der Geschichte aufgehoben ist". Dieser Trugschluß mißversteht die Stoßrichtung des Dramas. Es wendet sich nicht primär gegen Fatalismus, sondern gegen Menschen, die die geschundene Kreatur Woyzeck zum Spielball ihrer Launen machen.

Eine ahistorische Interpretation, die in ihrer Tendenz ein visionär – moralisches Ideal anzustreben scheint.

zu Mayer:

Hans Mayers Interpretation stellt einen eindeutigen Zusammenhang zwischen „individueller Situation" und gesellschaftlichem Kontext her. Er deutet Woyzecks Verhalten wie das seiner Gegenspieler „als Wirkung und Produkt sozialer Funktionen und Seinslagen", wenngleich der verschwommene Ausdruck „Seinslagen" die klare Polarität zwischen Herrschenden und Beherrschten im „Woyzeck" verschleiert.

Insbesondere die verallgemeinernde Frage nach der Verhaltensdeterminiertheit des Individuums kennzeichnet Mayers Aussage. „Verschiedenheit der sozialen Lagen bestimmt die Verschiedenheit über Sitte und Moral, entscheidet über Glücksmöglichkeit und Aufstiegschance."

Seine Interpretation stellt damit den deutlichsten Kontrast zu den Deutungen Mays und Viëtors her.

Dramentheoretische und formbezogene Aspekte[1]

Büchners „Woyzeck" gilt als Vorläufer des „modernen" deutschen Dramas. Im Gegensatz zum klassischen Drama wird der dort streng strukturierte Szenenzusammenhang durchbrochen. Die Einheit der Handlung und des Ortes, wie der formale Aufbau in 5 oder 3 Akten, ist weitgehend aufgehoben. An die Stelle von Akten treten relativ selbständige Bildsequenzen, die erst in ihrem Zusammenhang Einsicht in die Handlungssituation vermitteln.

Typisch sind die skizzenhaften Szenenüberschriften im „Woyzeck": z. B. Freies Feld, Die Stadt, Beim Doktor u.s.w. Die Requisiten bleiben eingeschränkt auf das Nötigste und für die Spielhandlung Unabdingbare; auf diese Weise wird die illusionsfeindliche Tendenz des Dramas unterstützt. Auf dem Hintergrund karger Ausstattung gewinnen die Dialoge der Figuren einen hohen Wirkungsgrad. Den Schülern kann dies an ausgewählten Szenen einsichtig werden (z. B. Hauptmann – Woyzeck Hd, 5, s. Schülerheft S. 15ff.).

Das Fehlen einer detaillierten Beschreibung des Zimmers, nur ein Stuhl wird genannt, verstärkt die Aufmerksamkeit für die Zeichnung der Personen und ihres Verhältnisses zueinander.

„Dieses Bühnenbild vermag dann auch, da es die einzelnen Szenen nicht naturalistisch festlegt und lokalisiert, die Allgemeingültigkeit und Wahrheit der Grundsituationen Woyzecks auszudrücken, die durch den ‚gräßlichen Fatalismus der Geschichte' (Büchner) bestimmt sind."[2]

Die karg ausgestatteten Räume unterstreichen entweder die innere Leere der Figuren oder ihre bedrückende Einsamkeit (z. B. Woyzeck – Marie). Die für die Spielhandlung entscheidenden Räume (z. B. Rasierstube, Mariens Kammer, Wirtshaus, das Innere der Bude) werden gezeigt, weil das Drama die Umwelt Woyzecks zur Geltung bringen muß, aus der sich sein Handeln weitgehend erklärt.

Es werden weite und enge Räume gewählt, beide aber unter dem Aspekt der Hoffnungslosigkeit. In den weiten Räumen (Freies Feld) verliert sich Woyzeck, die engen bedrücken ihn und Marie (Wachstube Hd, 10, Woyzeck: „Ich muß hinaus, 's ist so heiß da hie." / Hd,2, Marie: „Es wird so dunkel, man meint, man wär blind. . . . Ich halt's nicht aus. Es schauert mich.").

Die räumliche Distanz zwischen „oben" und „unten" entspricht dem sozialen Kontrast (He, 1 Der Hof des Doktors, Woyzeck und Studenten unten, der Doktor am Dachfenster, s. Schülerheft S. 42ff.).

1 Die vorliegende didaktische Analyse erhebt nicht den Anspruch einer umfassenden Darstellung gattungstheoretischer Aspekte. Für die unterrichtliche Erarbeitung wurden exemplarisch Beispiele ausgewählt (Raum-Zeit-Gestaltung).

2 Steinbach, Dietrich: Büchners „Woyzeck" und Brechts „Kaukasischer Kreidekreis" – Gedanken zur Entwicklung der nicht-aristotelischen Bühne, in: Der Deutschunterricht, Stuttgart, Jg. 18 (1966), Heft 1, S. 37.

Im freien Raum erscheint die Natur für Woyzeck übermächtig und bedrohlich. Da sie seinem Aberglauben Nahrung gibt, hat er, der von den Menschen Geknechtete und Enttäuschte, nicht einmal in ihr ein Refugium (Hd, 1, Freies Feld, Woyzeck: „Es geht hinter mir, unter mir (stampft auf den Boden) hohl, hörst du? Alles hohl da unten. Die Freimaurer!“).

Die Natur wird in die Handlung einbezogen und verändert sich in der subjektiven Wahrnehmung der Personen entsprechend der Zuspitzung der Ereignisse.

Solche Zusammenhänge von Raum und Handlung lassen sich ebenso an der „Mordszene“ nachweisen. Die Bedrohlichkeit, die von Woyzecks Mordabsicht ausgeht, drückt sich auch in dem Raumerleben der Szene aus (Ha, 5/Ha, 6: roter Mond, der Mond ist wie ein blutig Eisen, das Summen der Käfer wie gesprungene Glokken).

Nach der Frage nach dem Zusammenhang von Handlung und Handlungsraum ist noch auf die Zeitbehandlung des Dramas einzugehen. Exemplarisch kann die Szene Hd, 5 (Der Hauptmann/Woyzeck) ausgewählt werden. Der Hauptmann wird aufgrund einer „inneren Leere“ gequält. Sein hilfloser Versuch, Zeit und Ewigkeit zu definieren, wird in der Metapher vom Mühlrad deutlich. Dem Sinnverlust seines Daseins entspricht die Vorstellung des Leerlaufes, der Monotonie, die er in der Zeit zu erkennen glaubt.

Solche Anwandlungen müssen dem ständig um seinen Broterwerb hetzenden Woyzeck unverständlich bleiben (Hd, 5, Der Hauptmann zu Woyzeck: „Langsam Woyzeck, langsam; eins nach dem andern . . . Was will Er denn mit der ungeheuren Zeit all anfangen? Teil Er sich ein, Woyzeck . . . Woyzeck Er sieht immer so verhetzt aus.“). Der Zeitbegriff des Hauptmanns zeigt dessen völliges Unverständnis für die Situation Woyzecks, da der Hauptmann Woyzeck damit unterstellt, er könne aus eigener Entscheidung seine Zeit „einteilen“.

An diesen Beispielen wird den Schülern exemplarisch der Zusammenhang von Form und Inhalt deutlich, der zum einen an der Raum-Zeitgestaltung, den Requisiten und der Figurenzeichnung, zum anderen an der Stationentechnik des Dramas dargestellt werden kann.

Dramentheoretische Überlegungen sollten jedoch nicht wesentlich über konkrete, am Text nachweisbare Zusammenhänge hinausgehen, da in der Sek. I das Wissen um Formaspekte (z. B. „geschlossene“ und „offene“ Form des Dramas) nicht vorauszusetzen ist. Hinzu kommt, daß an der fragmentarischen Textgestalt des „Woyzeck“ nur schwerlich zusammenhängende und allgemeingültige Aussagen über dramatische Formen entwickelt werden können.

Am Ende des 3. Arbeitsschwerpunktes sollte eine abschließende Sprachuntersuchung des Dramas stehen.

Die Schüler sollen erkennen, daß Sozialstatus, Bildungsstand und hierarchisch bedingte Abhängigkeitsverhältnisse der Figuren in unmittelbarem Verhältnis zu deren Sprachgebrauch stehen. Während der Hauptmann und der Doktor sich einer wortreichen, aber inhaltsarmen Sprache bedienen, wirkt die Sprache Woyzecks oft eingeschränkt und hilflos.

Dem Hauptmann gelingen bei seinen Erklärungsversuchen gegenüber Woyzeck nur banale Zirkelschlüsse. Das Gespräch zwischen Hauptmann und Doktor besteht aus billigen Kalauern auf Kosten Woyzecks. Besonders im Gespräch Hauptmann/Doktor – Woyzeck lassen sich Spott und Ironie bis in formal syntaktische Strukturen nachweisen. Kennzeichnend für diesen Sprachgebrauch sind appellative und distanzierende Sprachformen, in denen sich Herrschaft ausdrückt (z. B. Anrede in der 3. Person). Woyzecks Sprache wirkt auf seine Gesprächspartner häufig fremd und unverständlich. Die zunehmend visionäre Bildhaftigkeit seiner Rede zeugt vom psychischen Verfall seiner Persönlichkeit. Seine Sprache ist situationsabhängig und von geringer Abstraktion. Emotionen werden unmittelbar verbalisiert ohne Bedacht, ob Zuhörer Sinn und Absicht der Rede deuten können. Dieses Sprachverhalten führt zu Scheindialogen, die letztlich Woyzecks Entfremdung von der ihn umgebenden Realität ausdrücken.

Dem Schüler kann in dieser übergreifenden Sprachuntersuchung der enge Zusammenhang zwischen dem zwanghaften Verhalten Woyzecks und der Unfähigkeit, sich mitzuteilen, deutlich werden.

Ob und inwieweit Sprache und Sprachzusammenhänge in dieser Stunde gesondert thematisiert werden, hängt von der Berücksichtigung dieser Aspekte in den jeweiligen Szeneninterpretationen ab.

4. STUNDENSKIZZEN

1. und 2. Stunde

Zum Unterrichtszusammenhang

Da die Konzeption unserer Unterrichtseinheit nicht auf eine isolierte unterrichtliche Analyse des „Woyzeck" zielt, sondern verstärkt auch die politischen und sozialen Vorstellungen Büchners erörtert werden sollen, weil sie entscheidend zum Verständnis der Grundhaltung Büchners beitragen und mittelbar auch in die Untersuchung des „Woyzeck" eingehen, empfiehlt es sich, wesentliche Elemente seiner Position aus der überwiegend von ihm gestalteten Flugschrift „Der Hessische Landbote" herauszufiltern.

Wir schlagen eine Behandlung des „Hessischen Landboten" in zwei Phasen vor:

a) *Einstieg:* „Der Hessische Landbote", Hörspiel von Jürgen v. Hollander

b) *Textanalyse:* „Der Hessische Landbote"

Thema der Stunden: „Der Hessische Landbote"

Didaktische Analyse

Das Hörspiel versucht, die historischen Umstände, die für Abfassung, Verteilung und Wirkungsmöglichkeit dieser politischen Flugschrift maßgebend waren, aufzuarbeiten. Es ist als Ergänzung zur Textbesprechung zu empfehlen und kann bei der Kreis- oder Stadtbildstelle unter dem Titel „‚Der Hessische Landbote' und Szenen aus ‚Dantons Tod'" – Hörspiel von Jürgen von Hollander (72 Min., Nr. Tb/ltb 83) ausgeliehen werden.

Erfahrungsgemäß erweist sich das Hörspiel auch als motivationsfördernd für die Schüler; sie zeigen daraufhin Interesse, den Inhalt des „Hessischen Landboten" genauer kennenzulernen. J. v. Hollander beginnt sein Hörspiel mit dem konspirativen Treffen Büchners, Weidigs und ihren Mitverschworenen auf der Badenburg bei Gießen. Die Auseinandersetzung um die von Weidig vorgenommenen Textkorrekturen an Büchners Abfassung des „Hessischen Landboten" steht hier im Mittelpunkt.

Anschließend versucht der Autor einen Eindruck von der heimlichen Verteilung der Flugschrift an die Bevölkerung zu vermitteln. Danach werden wir Zeuge eines Gesprächs zwischen Johann Konrad Kuhl, der seit Jahren zum Kreis um Weidig gehörte, und dem Untersuchungsrichter, Hofgerichtsrat Conrad Georgi (Regierungskommissar für Oberhessen). Kuhl denunziert und verrät seine Mitstreiter.

Nun beginnt die Verhaftungswelle, in deren Verlauf auch Weidig festgesetzt wird. Die ganze Enttäuschung spricht aus seinen Worten: „Alles aus!" Auch G. Büchner muß das erkennen und flieht nach Straßburg. Dabei werden die Umstände seiner Flucht in einem kurzen Gespräch mit seinem Bruder Wilhelm verdeutlicht. Das Hörspiel endet mit der Verlesung von Büchners Steckbrief.

Politische Vorstellungen und Absichten konnten mit dem „Hessischen Landboten" nicht wirkungsvoll umgesetzt werden.

Ist in der ersten Phase der kontextuelle Rahmen, in den der „Hessische Landbote" gestellt ist, unterrichtlich zu erarbeiten, so vermag die Textanalyse die politischen Inhalte und Bezüge präziser herauszustellen.

Der „Hessische Landbote" steht uns nur in der durch Weidig entschärften und mit religiös orientierten Zusätzen und Abänderungen versehenen Fassung zur Verfügung.

Neu an dieser Flugschrift ist die Verwendung statistischen Materials, die ihr oberflächlich einen sachlichen Anstrich verleiht.

Deutlich tritt allerdings dann der radikal-politische Impetus hervor, wenn wir die Auseinandersetzung Büchners mit der hessischen Wirklichkeit verfolgen.

Folgende Schwerpunkte können im Unterricht gesetzt werden:

a) Kennzeichnung der Vornehmen und der Bauern des Volkes
b) Charakterisierung des Staates allgemein
c) Auseinandersetzung mit der Großherzoglichen Regierung
d) Verwendung der Steuergelder für die verschiedenen Ministerien
e) Rolle von Gesetz, Justiz und Militär
f) Rezeption der französischen Revolution in Deutschland
g) Einschätzung der Verfassungen, Landtage und Wahlgesetze in Deutschland
h) Aufrufe an die Bevölkerung, sich gegen die herrschenden Ungerechtigkeiten zur Wehr zu setzen
i) Sprache im „Hessischen Landboten"

Da in einer Unterrichtsstunde nicht alle Punkte gleichermaßen sorgfältig angesprochen werden können, sollte der Lehrer im Rahmen seiner zeitlichen Möglichkeiten eine Auswahl treffen. Denkbar wäre folgendes Vorgehen:

- Das Schülerreferat kann die Strukturierung des Textes leisten (s. Punkte a)–i)).
- Im Unterrichtsgespräch versucht der Lehrer eine intensivere Behandlung der Punkte a)–e), h) und i).
- Punkte f) und g) werden in der 3. Stunde in die Besprechung einbezogen.

Unterrichtsziele

Die Schüler

- versuchen, eine vorläufige Einschätzung des „Hessischen Landboten" zu leisten;
- können G. Büchners soziale und politische Vorstellungen beschreiben;
- erkennen den radikal-politischen Charakter der Flugschrift;
- diskutieren den „Hessischen Landboten" hinsichtlich Inhalt und Wirkungsmöglichkeiten.

Methodische Entscheidungen

Versuch in der ersten Stunde, das Hörspiel ohne Arbeitsauftrag einzubringen. Im Unterrichtsgespräch wird dann zu erkennen sein, wie die Schüler die Hörspielinhalte verstanden haben. Vorläufige Erläuterungen zu Entstehung, Funktion und historisch-realer Wirkungsmöglichkeit des „Hessischen Landboten" müßten gegeben werden.

In der 2. Stunde sollte die konkrete Textbesprechung im Mittelpunkt stehen.

Aus unterrichtstechnischen und zeitlichen Gründen empfiehlt sich eine Einführung in Struktur und Inhalt der Textvorlage durch ein Schülerreferat (max. 15 Min.). Die Auswertung des Vortrags kann wirkungsvoll durch die Analyse ausgewählter Textstellen ergänzt werden.

Alternative

Falls das Hörspiel nicht eingesetzt werden kann oder soll, ist natürlich Zeit für eine intensivere Behandlung des Textes.

Geplanter Stundenverlauf (1. Stunde)

Unterrichts-schritte	Unterrichtsinhalte	Unterrichtsformen
1.	Kurze Einführung in den Themenkomplex	Unterrichtsgespräch
2.	Der „Hessische Landbote"	Hörspiel
3.	Besprechung des Hörspielinhaltes	Unterrichtsgespräch

Hausaufgabe

a) Lesen des „Hessischen Landboten".

b) Stellt die zentralen Aussagen des „Hessischen Landboten" zusammen und vergleicht diese mit den Eindrücken, die ihr aus dem Hörspiel gewonnen habt.

statt b): *Kurzreferat* mit dem Thema:

Verdeutliche die Struktur des „Hessischen Landboten".

Geplanter Stundenverlauf (2. Stunde)

Unterrichts-schritte	Unterrichtsinhalte	Unterrichtsformen
1.	Vortragen der Hausaufgabe oder Kurzreferat	Schülervortrag Schülervortrag
2.	Diskussion und Ergänzung der Ausführung des Referenten	Unterrichtsgespräch
3.	Erläuterung des „Hessischen Landboten" an ausgewählten Textstellen	Unterrichtsgespräch
4.	Reflexion über die Wirkungsmöglichkeiten des „Hessischen Landboten", Zusammenfassung der Ergebnisse	Schülerbeitrag

Hausaufgabe

a) Sich über die politische Situation in Deutschland, besonders: Wartburgfest – Karlsbader Beschlüsse, informieren.
b) Kurzreferat: Erläutere anhand der angegebenen Quelle die Zustände in Hessen-Darmstadt.

Unterrichtsmaterialien

M 1 und M 2.

3. und 4. Stunde

Zum Unterrichtszusammenhang

Wir gehen davon aus, daß eine zweistündige Behandlung des „Hessischen Landboten" zwar eine Vorklärung seiner Inhalte und Ziele leisten kann, aber noch kein ausreichendes Verständnis von den Zuständen, gegen die er sich wendet, vermittelt. Deshalb muß auch diesem Aspekt Aufmerksamkeit gewidmet werden. In einem zweiten Schritt sind die historisch-politischen Bedingungen auf den „Hessischen Landboten" zu beziehen, und es ist exemplarisch zu untersuchen, wie Büchner (bzw. Weidig) sie in seiner Flugschrift „verarbeitet". Die 1. und 4. Stunde hängen thematisch eng zusammen und leisten eine fundierte Einordnung von Büchners sozialen und politischen Vorstellungen, die darüber hinaus mittelbar Bedeutung erlangen, z. B. bei der Figurenzeichnung im „Woyzeck".

Thema der Stunden: Der politische Kontext des „Hessischen Landboten".

Didaktische Analyse

Inhalt, Bedeutung und Wirkungsmöglichkeit des „Hessischen Landboten" sind nur zu begreifen, wenn seine sozialen und politischen Bezugspunkte deutlich werden.

Dies erfordert unter zwei Aspekten eine Erweiterung der Unterrichtsinhalte über die Beschäftigung mit Hessen-Darmstadt hinaus:

- Erörterung der zum Verständnis und zur Einordnung des „Hessischen Landboten" notwendigen historisch-politischen Bedingungen.
- Kennzeichnung der politischen Umstände, die direkt und mittelbar für Büchners sozial-politische Haltung bedeutsam wurden.

Um diese Punkte diskutieren zu können, sollten sich alle Schüler über die politische Entwicklung in Deutschland von den Befreiungskriegen bis zum Hambacher Fest informieren (siehe auch M 4).

Die deutschen Fürsten lösten ihr Versprechen, das Volk nach dem Sieg über Napoleon an der Macht zu beteiligen, nicht oder nur im Ansatz ein. Sie versuchten in der Folgezeit, ihre politische Herrschaft durch kontrollierte Reformen und radikale Unterdrückung der Freiheitsbestrebungen (s. Karlsbader Beschlüsse – 1819) zu sichern.

Diese politische Strategie konnte jedoch nur erfolgreich sein, weil die bürgerliche Opposition gespalten war.

Der größte Teil des deutschen Bürgertums scheute sich davor, seine Forderungen radikal zu verfolgen und arrangierte sich mit der Obrigkeit.

Entscheidend für die Traditionslinie, in der Büchner steht, ist die aufgeklärtere[1] und bewußtere bürgerliche Bewegung, die ihre Vorstellungen öffentlich gegen die fürstliche Herrschaft vortrug (Wartburgfest – 1817; Hambacher Fest – 1832) und nicht vor dem „Unterdrückungsapparat“ der deutschen Fürsten kapitulierte. In diesen Rahmen müssen die politischen Gegebenheiten in Hessen-Darmstadt gestellt werden.

Unterrichtsziele

Die Schüler

- informieren sich über die historisch-politischen Bedingungen in Deutschland, besonders von den Befreiungskriegen bis zum Hambacher Fest;
- können wesentliche Zusammenhänge zwischen der allgemeinpolitischen Lage in Deutschland und den Zuständen in Hessen–Darmstadt beschreiben;
- sind in der Lage, gravierende Mißstände in Hessen–Darmstadt zu benennen;
- versuchen, Bedeutung und Wirkungsmöglichkeit des „Hessischen Landboten“ zu erörtern;
- kennzeichnen Büchners politische und soziale Vorstellungen anhand des „Hessischen Landboten“.

Methodische Entscheidungen

Die 3. und 4. Stunde sind thematisch sehr eng miteinander verbunden und müssen auf die 1. und 2. Stunde rückbezogen werden.

Den Schwierigkeiten, historisch-komplexe Vergangenheit in kürzester Zeit zu vermitteln, kann z. T. durch die von uns vorgeschlagenen leicht verständlichen Texte im Schülerheft begegnet werden.

Wenn den Schülern in der Hausaufgabe zur dritten Stunde als Orientierungs-/Lesehilfe die in der didaktischen Analyse angegebenen Punkte mitgeteilt werden, läßt sich erfahrungsgemäß eine für unseren Unterrichtszweck sinnvolle Kenntnisvermittlung erreichen.

Das Unterrichtsgespräch über die politische Lage in Deutschland erfährt durch das Kurzreferat über die Zustände in Hessen-Darmstadt eine entscheidende Ergänzung.

Anschließend sollten im Unterrichtsgespräch die Wechselbeziehungen zwischen allgemein-politischer Situation in Deutschland und Hessen-Darmstadt erörtert werden.

1 Ideen der französischen Revolution

Auf dieser Grundlage ist ein Rückbezug auf die Inhalte des „Hessischen Landboten“ und ein besseres Verständnis seiner Bedeutung und Wirkungsmöglichkeit zu erreichen.

Eine wesentliche Aufgabe des Unterrichts bleibt zum Abschluß die Diskussion der politischen und sozialen Vorstellungen Büchners, da sie auch im weiteren Verlauf der Unterrichtseinheit mittelbar in die Unterrichtsarbeit einfließen.

Geplanter Stundenverlauf

Unterrichtsschritte	Unterrichtsinhalte	Unterrichtsformen	Stunde
1.	Hist.-pol. Lage in Deutschland	Unterrichtsgespräch	
2.	Zustände in Hessen-Darmstadt	Referat	1.
3.	Besprechung des Referats	Unterrichtsgespräch	
4.	Wechselbeziehung zwischen hist.-polit. Lage in Deutschland und den Zuständen in Hessen-Darmstadt	Unterrichtsgespräch	
5.	Rückbezug auf den „Hess. Landboten“	Unterrichtsgespräch (Textbezug)	2.
6.	Politische und soziale Haltung Büchners	Diskussion	

Hausaufgabe

Bereitet die Biographie Büchners so vor, daß ihr die Phasen und Schwerpunkte seiner Entwicklung nachzeichnen könnt.

Alternative

Die „Informationen zur politischen Bildung“, Nr. 163, sind im Zusammenhang mit einer 20-teiligen Fernsehserie des Norddeutschen Rundfunks erstellt worden.

Wenn es im Rahmen der Unterrichtsarbeit zeitlich vertretbar ist, diese Filme einzuplanen (Dauer pro Film: 30 Minuten), so empfehlen sich die ersten drei Folgen, besonders aber die 3. Sendung. (Titel: „Für Einheit und Freiheit – Die Einigungsbewegung in Deutschland bis ca. 1830“).

Diese Fernsehsendungen sind über die Landesfilmdienste, z. T. schon direkt über die Kreis- und Stadtbildstellen zu beziehen.

Mögliche Erweiterung

Diskussion der Karlsbader Beschlüsse.

Da die politischen und sozialen Vorstellungen Büchners auch dezidiert in einigen seiner Briefe formuliert sind, bietet sich der Einbezug dieser Briefe in den Unterricht an.

Unterrichtsmaterialien

M 3 bis M 8

5. Stunde

Unterrichtszusammenhang

Im Anschluß an den „Hessischen Landboten" und die Betrachtung der sozialen und politischen Restauration in Deutschland stellt die 5. Stunde Persönlichkeit und Entwicklung Büchners in den Mittelpunkt. Dabei soll sichtbar werden, wie die objektiven historischen Umstände individuell wirksam werden und welche Konsequenzen sich praktisch und literarisch hieraus ergeben. Die Stunde leitet zu den Voraussetzungen über, unter denen das Fragment „Woyzeck" entstanden ist.

Thema der Stunde: Büchners Entwicklung zum politischen Schriftsteller.

Didaktische Analyse

Büchners Biographie hat innerhalb der vorliegenden Unterrichtseinheit die Funktion, die individuelle Entwicklung im Zusammenhang ihrer gesellschaftlichen Bedingungen aufzuzeigen. Die Schüler lernen den Autor als einen Menschen kennen, dessen Sozialisation in verschiedenen Phasen verläuft: Im Elternhaus wächst er in materieller Geborgenheit einerseits und politischer Spannung andererseits auf, die die historisch-politische Polarität widerspiegelt. In Straßburg entwickelt er im Kontakt mit Freunden und einer aktiv oppositionellen Bevölkerung ein dezidiert politisches Bewußtsein. In Gießen wird Büchner mit Verhältnissen konfrontiert, die ihn zugunsten der Bevölkerung zu direktem politischen Handeln veranlassen, womit er jedoch scheitert. Zur Flucht und politischen Inaktivität gezwungen, beginnt er mit der literarischen Thematisierung seiner Probleme: der Möglichkeit individuellen Handelns und gesellschaftlicher Veränderung, dem Elend, der Not und dem Ausgeliefertsein an scheinbar übermächtige Gewalten, dem Alleinsein und der Flucht. Immer sind es Inhalte, die den persönlichen Erfahrungen entsprechen, wodurch sich der Schriftsteller Büchner immer auch als politischer Autor erweist.

Unterrichtsziele

Die Schüler

- entwickeln ein Bewußtsein für die Bedeutung biographischer Zusammenhänge hinsichtlich der Untersuchung literarischer Texte;
- erarbeiten die Phasen und Schwerpunkte in der Entwicklung von Büchners Persönlichkeit;
- erkennen den Zusammenhang zwischen dem individuellen Leben, seinen Bedingungen und literarischer Produktion;
- verstehen Büchner als politischen Menschen und Schriftsteller;
- erkennen die Voraussetzungen, unter denen das Fragment „Woyzeck" entstanden ist.

Methodische Entscheidungen

Anhand des Autorenportraits lernen die Schüler Persönlichkeit und Lebensumstände des Autors kennen. Die verschiedenen Phasen der Biographie sollten so behandelt und gewichtet werden, daß letztlich ein Bild des Autors entsteht, das im Gegensatz zu dem Steckbrief Einsicht in persönliche und gesellschaftliche Zusammenhänge zugleich vermittelt. Darüber hinaus sollte der grundsätzliche Erkenntniswert biographischer Informationen für das Verständnis poetischer Texte artikuliert werden, was unter Rückbesinnung auf den „Hessischen Landboten" geschehen kann.

Für die 6. Stunde könnte bereits eine Akzentuierung der Biographie im Hinblick auf Daten und Umstände der Entstehung des „Woyzeck" erfolgen.

Geplanter Stundenverlauf

Unterrichts-schritte	Unterrichtsinhalte	Unterrichtsformen
1.	Betrachtung des Steckbriefs	Unterrichtsgespräch
2.	Unterscheidung zwischen Steckbrief und Biographie	Unterrichtsgespräch
3.	Auswertung der Biographie; Diskussion der Frage: Welche Phasen, Stationen, Ereignisse und Zusammenhänge erscheinen für Büchners Entwicklung von besonderer Bedeutung?	vorbereitende Partnerarbeit (Eine Einteilung der Biographie in Phasen könnte auch in die Hausaufgabe der 6. Std. eingehen.) Diskussion
4.	Bestimmung der Funktion biographischer Informationen für die Untersuchung poetischer Texte (Rückbesinnung auf den „Hess. Landboten")	Unterrichtsgespräch
5.	Akzentuierung der Biographie im Hinblick auf „Woyzeck"	Unterrichtsgespräch

Hausaufgabe

a) Informiert euch anhand des Gutachtens von Clarus, wie dieser die Person und die Tat Woyzecks beurteilt.

b) *Kurzreferat:* Untersuche, welches reale Geschehen dem Drama zugrundeliegt.

- Wäre eine andere Biographie Büchners vorstellbar?
- Welche Bedeutung kommt der Biographie für das Verständnis von Texten, z. B. dem „Hessischen Landboten" zu?
- Wann ist der „Woyzeck" entstanden? Welche Erfahrungen mögen für ihn ausschlaggebend gewesen sein?

Mögliche Unterrichtsfragen

- Welche Informationen vermittelt der Steckbrief?
- Wie unterscheiden sich diese Informationen von denen der Biographie?
- Läßt sich das Leben Büchners in Abschnitte gliedern, die es überschaubar machen?
- Gibt es Schwerpunkte in seinem Leben, die für das Verständnis seiner Persönlichkeit und seines Handelns von besonderer Bedeutung sind?

Unterrichtsmaterialien
M 9 und M 10

6. Stunde

Unterrichtszusammenhang

Der Verlauf der Unterrichtsreihe ist darauf angelegt, daß aus den allgemeinen gesellschaftlichen Verhältnissen und der Büchner-Biographie eine Verdichtung auf die Entstehung des „Woyzeck" hin erfolgt. Was das Fragment als Lesestück nicht ohne weiteres evident macht, ist durch den „Fall Woyzeck" darstellbar, der eine konkrete reale Folie zu dem abgibt, was Büchner seinen individuellen Erfahrungen entsprechend dichterisch gestaltet hat.

Thema der Stunde: „Der Fall Woyzeck"

Didaktische Analyse

Der Stellenwert der Beschäftigung mit dem authentischen Joh. Chr. Woyzeck liegt darin, daß hieraus die Dramenfigur in ihrem biographischen und sozialen Zusammenhang verständlich wird, den das Fragment – zumal als Lesetext – nur in beinahe abstrakter Verdichtung zum Ausdruck bringt.

In der Stoffvorlage wird ein durchgängig gescheiterter Mensch sichtbar: Schon früh Vollwaise, ohne qualifizierte Ausbildung und einen gesicherten Platz in der Gesellschaft, führt Joh. Chr. Woyzeck über Jahre hinweg ein unstetes Leben, indem er sich auf jede erdenkliche Art seinen Lebensunterhalt verdient. Immer wieder scheitert er an den fehlenden Papieren, so daß es ihm nicht gelingt, eine gesicherte Existenz aufzubauen. Ständig ohne Stellung, Geld und Ansehen und deshalb recht- und schutzlos, wird er solange verachtet, herumgestoßen und gedemütigt, bis er eines Tages seine Geliebte, die Witwe Woost, die ihn betrügt und beschimpft, ermordet. Als nach seiner Verhaftung Zweifel an seiner Zurechnungsfähigkeit auftauchen, wird er untersucht. Hofrat Clarus, der königliche Gutachter, sieht in Woyzeck nur den Verbrecher, der in vollem Umfang für die Tat verantwortlich ist. Drei Jahre nach der Tat wird Woyzeck hingerichtet.

Dieses Geschehen greift Büchner auf. In wenigen exemplarischen Szenen reduziert er es auf den Zugriff einer übermächtigen Umwelt und weitet es auf den Persönlichkeitsverfall des hilflos ausgelieferten, handlungsunfähigen Woyzeck aus, dessen Charakterstudie die individuelle Not gegenüber der Macht der sozialen Verhältnisse exemplarisch deutlich macht.

Anhand des authentischen Falles Woyzeck und seiner Bewertung im Clarus-Gutachten, wo eine problemblinde und im Interesse der bestehenden Herrschaftsordnung affirmativ agierende Wissenschaft Urteile fällt, soll der Schüler die Grundlage dafür erarbeiten, den unterschiedlichen Problemzugang und Erkenntniswert der literarischen Bearbeitung durch Büchner zu erkennen.

Unterrichtsziele

Die Schüler

- sollen den authentischen Woyzeck in seinen Lebensverhältnissen und seinem Schicksal kennenlernen.
- sollen erkennen, daß das Schicksal Woyzecks im sozialen Erfahrungsbereich Büchners liegt (z. B. Gießen; nicht ohne Grund weist das Stück hessische Mundart auf).
- sollen feststellen, daß das Schicksal Woyzecks aufgrund wissenschaftlicher Expertisen entschieden wurde (Clarus-Gutachten).

Methodische Entscheidungen

Da der „Fall Woyzeck" ein in sich geschlossener Komplex ist, kann er gut durch ein Schülerreferat in den Unterricht eingebracht werden, das durch ein stichwortartiges, evtl. chronologisch gegliedertes Informationspapier vorbereitet und begleitet wird.

Im Referat kommt es darauf an, daß die Stoffvorlage nicht als Datenreihung, sondern als sozial-biographischer Zusammenhang verstanden wird, so daß hieraus bereits eine hypothetische Meinung gebildet werden kann.

Im Anschluß an die Besprechung des Referats wird das Clarus-Gutachten gemeinsam von der Lerngruppe gelesen und erarbeitet, um dann im Zusammenhang mit den vorhandenen Informationen unter dem Aspekt „Zurechnungsfähigkeit" in der Diskussion problematisiert zu werden.

Die Stunde sollte unbedingt mit der Frage nach der Bedeutung des „Falles Woyzeck" für den Unterrichtsverlauf schließen, da hier das Erkenntnisinteresse gegenüber dem literarischen Text thematisiert wird.

Geplanter Stundenverlauf

Unterrichts-schritte	Unterrichtsinhalte	Unterrichtsformen
1.	„Der Fall Woyzeck". Referat zum Thema: Welches reale Geschehen liegt dem Drama zugrunde?[1]	Schülervortrag
2.	Klärung von Fragen zum Referat	Unterrichtsgespräch
3.	Lektüre des Clarus-Gutachtens (vgl. Material M12)	Lesephase
4.	Clarus Beurteilung der Person und Tat Woyzecks	Unterrichtsgespräch
5.	Reflexion der Stoffvorlage in Hinblick auf den Dramentext und den Unterrichtsverlauf	Unterrichtsgespräch

Mögliche Unterrichtsfragen

- Welche Faktoren sind für das Leben und Schicksal Woyzecks von wesentlicher Bedeutung?
- Wie beurteilt Clarus die Person Woyzecks, ihre Entwicklung und letztlich die Tat?
- Was macht Clarus Woyzeck unmittelbar zum Vorwurf?
- Aus welcher Schicht stammt Clarus? Wie ist sein Verhältnis zur Obrigkeit?
- Würde man aus der Kenntnis des Falles heraus Clarus' Gutachten teilen oder gibt es darüber hinaus Gründe, die die Tat erklären könnten?
- Worin mag Büchners Interesse am Stoff bestanden haben?
- Welche Bedeutung kommt der Kenntnis des „Fall Woyzeck" und des Clarus-Gutachtens hinsichtlich des Dramas und des Unterrichtsverlaufs zu?

Hausaufgabe

a) Lesen der Szene Ha, 5 (s. Schülerheft S. 32).
b) Entwickeln weiterführender Fragen, die sich an der Leitfrage: Wie konnte dieser Mord geschehen? orientieren.

Alternative

Bei Zeitmangel ist es möglich, den Schülervortrag durch ein Kurzreferat des Lehrers zu ersetzen. Wünschenswert bleibt jedoch die Erarbeitung der Biographie durch die Schüler, da gerade die Beschäftigung mit dem „Fall Woyzeck" das Drama konkret werden läßt.

Unterrichtsmaterialien

M 11 und M 12

1 *Material:* Hans Mayer: Georg Büchner und seine Zeit, a.a.O., S. 331–335; S. 337 Mitte – 338 Mitte.

7. Stunde

Unterrichtszusammenhang

In dieser Stunde soll mit der Werkanalyse begonnen werden. Der Lehrer kann auf den in den ersten 6 Stunden vermittelten historisch-politischen und den biographischen Kenntnissen, sowie auf die Einführung in die Stoffvorlage des „Woyzeck" aufbauen.

Bis zur 7. Stunde haben die Schüler genügend Zeit gehabt, sich in den „Woyzeck" einzulesen. Da zu erwarten ist, daß historische Distanz und komplizierte Szenenfolge (fragmentischer Charakter) den individuellen Zugang zum „Woyzeck" erschweren, empfiehlt sich folgendes Vorgehen:

Thema der Stunde: „Der Mord"[1]

Didaktische Analyse

Im Zentrum dieser Szene steht der Mord Woyzecks an Marie. Woyzeck handelt nicht im Affekt, sondern durchaus geplant und zielgerichtet. Sein Verhalten kurz vor der Mordtat wirkt durch Andeutungen, Erinnerungen und Wunschvorstellungen (Ha, 5, Woyzeck: „ . . . noch einmal zu küssen") fast wie ein Selbstgespräch, an dem Marie keinen Anteil mehr nehmen kann. Die Kommunikation ist gebrochen, der Dialog erstarrt zum Schweigen.

Immer wieder erniedrigt, ohne Kraft sich aus seiner sozialen und persönlichen Misere zu befreien, wurde ihm der letzte Halt, die einzige Perspektive, das Leben zu ertragen, genommen, als Marie sich aus der Beziehung zu ihm löst.

Der Mord als letzte Möglichkeit, um Marie zu besitzen, um die verlorene Einheit mit ihr letztmalig herzustellen, stellt den tragischen Höhepunkt des Geschehens dar und offenbart die Ohnmacht, in der sich die getretene Kreatur befindet.

Da es sich bei dieser Szene um den Einstieg in die Werkanalyse handelt, sollten die genannten Aspekte nicht schon an dieser Stelle ausführlich diskutiert werden.

Ausgehend von der Mordtat empfiehlt es sich, die Schüler Fragestellungen entwickeln zu lassen, welche die Kernfrage: Wie konnte dieser Mord geschehen? wirkungsvoll ergänzen.

Diese Fragen können u. U. einen roten Faden bilden, um das ganze Werk zu erschließen.

Unterrichtsziele

Die Schüler

- artikulieren ihre individuellen Leseerfahrungen und begreifen die eigenen Verständnisschwierigkeiten als auch von anderen erlebte;
- geben den Szeneninhalt wieder;
- entwickeln Fragestellungen, die sich an der Leitfrage: Wie konnte dieser Mord geschehen? orientieren.

1 Siehe zum Einstieg die didaktische Analyse S. 13ff.

Methodische Entscheidungen

Für den Einstieg in den „Woyzeck" empfiehlt sich die Mordszene, weil ihre Diskussion

- die historische Distanz zum Text überwinden helfen kann,
- motivationsfördernd ist,
- sich hieraus Fragestellungen entwickeln lassen, die begleitend zur Gesamtanalyse immer wieder herangezogen werden können.

In der Stunde sollte man genügend Raum für gemeinsames Lesen und Artikulation individueller Verstehensprobleme lassen.

Geplanter Stundenverlauf

Unterrichtsschritte	Unterrichtsinhalte	Unterrichtsformen
1.	Lesen der Szene Ha, 5 (s. Schülerheft S. 32)	Schülervortrag
2.	Artikulation individueller Verständnisschwierigkeiten	Unterrichtsgespräch
3.	Diskussion der Frage: Wie konnte dieser Mord geschehen?	Diskussion
4.	Festhalten der Diskussionsergebnisse und Formulierung weiterer Fragen (schriftlich)	Unterrichtsgespräch

Hausaufgabe

Vorbereitung der Szenen Ha, 1 und 2 unter folgender Arbeitsperspektive:

a) Interpretation von Woyzecks Verhalten.

b) Beschreibung von Maries Haltung und deren Beziehung zu Margreth.

Mögliche Fragestellungen zur 7. Stunde (= Einstieg)

1. Wer ist dieser Woyzeck? Wer ist Marie?
2. Welchen Beruf üben sie aus? Wie geht es ihnen finanziell?
3. Welches Ansehen genießen sie? Aus welcher Schicht stammen sie?
4. In welchem Verhältnis stehen sie zueinander?
5. Worin unterscheidet sich ihre Situation?
6. Welche Bedeutung haben Marie und Woyzeck füreinander?
7. Welche Personen stehen in Beziehung zu Marie bzw. Woyzeck? Wirkt sich das auf Maries bzw. Woyzecks Verhalten aus?
8. Wandelt sich das Verhältnis Marie – Woyzeck im Laufe der Handlung? Welche Stationen können festgestellt werden?
9. Ist der Mord Woyzecks letzte Handlungsmöglichkeit? Welche anderen Verhaltensweisen hätte er „wählen" können?

8. Stunde

Unterrichtszusammenhang

Die Schüler wissen aus der 7. Stunde, daß Woyzeck Marie erstochen hat. Sie haben Fragestellungen zu entwickeln versucht, die für die Analyse des Mordmotivs eine Orientierungshilfe geben können. Von diesem Vorwissen aus kann nun mit der konkreten inhaltlichen Erarbeitung der Szenen begonnen werden, welche die psychologischen und sozialen Bedingungsstrukturen freilegen soll, die Aufschluß über Verhalten und Verhaltensmöglichkeiten der dramatischen Personen geben.

Bevor wir uns die Diskussion ausgewählter Szenen nach Sinnzusammenhängen vornehmen, empfiehlt sich eine gemeinsame Einführung in den Dramenbeginn, weil das Kennenlernen der dramatischen Figuren in ihrem Anfangsverhalten dann als gesicherte Ausgangsbasis für weiteres Vorgehen betrachtet werden kann.

Auf diesem Hintergrund lassen sich der Wandel im Verhalten der Einzelpersonen und der langsame „Verfall" der Beziehung Marie – Woyzeck nachvollziehen.
Thema der Stunde: „Der Dramenbeginn" (Szene Hd, 1 und Hd, 2)

Didaktische Analyse

a) Szene Hd, 1 – „Freies Feld" (s. Schülerheft S. 12)

Büchners Gestaltung der ersten Szene ermöglicht einen stark emotional ausgerichteten Zugang: Man wird mitten in das Geschehen hineinversetzt.

Woyzeck wirkt gehetzt, voller Angst. Die Ursache hierfür geht über die Furcht vor den Freimaurern hinaus, wie an seinen Äußerungen in Zeile 5 ff. zu sehen ist.

Andres kann sich Woyzecks Angstzuständen nicht entziehen, ist aber derjenige, der die Trommeln der Kaserne hört und zur Rückkehr in die Realität mahnt.

b) Szene Hd, 2 (s. Schülerheft S. 12 ff.)

Marie und Margreth schauen sich gemeinsam den Zapfenstreich an, und sie bewundern beide den voranmarschierenden Tambourmajor. Sein demonstrativer Gruß zur Marie führt zu einem eifersüchtigen Wortgeplänkel zwischen ihr und Margreth. Marie beendet den Wortwechsel mit einem wütenden „Luder!" und wendet sich ihrem Kind zu, dem sie ein kleines Lied vorsingt.

Während Marie in der ersten Strophe ihre eigene Lage reflektiert, sich Mut zuspricht, daß sie entgegen den gesellschaftlichen Konventionen gehandelt hat (uneheliches Kind – „Ei was frag ich danach!"), so ist sie in der zweiten Strophe, die einem Wiegenlied gleichkommt, ganz auf ihr Kind gerichtet.

Ihre Träumereien werden jäh unterbrochen durch Woyzecks Klopfen. Ohne ins Haus einzutreten, gibt er Marie seine Visionen weiter und enteilt zum Appell. Marie kann Woyzecks Verhalten nicht verstehen, fühlt sich dadurch bedrückt und gerät in Angstzustände als sie wieder allein ist.

Die Szene Hd,2 wird durch drei Kommunikationssituationen gegliedert. Ihre Inhalte und Strukturen sollten beachtet werden, wobei besonderes Gewicht auf Marie zu legen ist. Ihr Verhältnis zum Tambourmajor, Kind und Woyzeck beginnt aus dieser Szene heraus zu wachsen.

Unterrichtsziele

Die Schüler
- werden durch lautes Lesen zum gemeinsamen Erleben des Dramas geführt.
- lernen, beim Umgang mit dem Drameninhalt ihre Schwierigkeiten zu artikulieren.
- versuchen Woyzecks Äußerungen zu verstehen (Hd, 1).
- beschreiben Maries Haltung
  - zum Tambourmajor
  - zu Margreth
  - zu ihrem Kind
  - zu Woyzeck

Methodische Entscheidungen

Die Szenen sollten nacheinander behandelt werden, wobei in der Besprechung der 2. Szene der Rückbezug zur ersten notwendig ist, um Woyzecks Verhalten deutlicher erklären zu können.

Lautes Lesen der ersten Szene und Erläuterungen zu einzelnen Inhalten (z. B.: Freimaurertum, Bibelbezüge) sind angebracht. Während die erste Szene im Rahmen des Unterrichtsgespräches wirkungsvoll erarbeitet werden kann, sollte aus motivationalen Gründen, aber auch um die Verstehensmöglichkeiten der Schüler zu überprüfen, für die Besprechung der zweiten Szene ein methodischer Wechsel eintreten: Denkbar ist z. B. eine 10minütige Stillphase, in der die Schüler die zweite Szene leise für sich lesen und sich an die Interpretation heranwagen.

Das anschließende Unterrichtsgespräch kann entweder unter Leitung des Lehrers oder eines Schülers geführt werden, wobei der Lehrer zum Stundenende eine Zusammenfassung der bisherigen Ergebnisse anleitet.

Geplanter Stundenverlauf

Unterrichts-schritte	Unterrichtsinhalte	Unterrichtsformen
1.	lautes Lesen der Szene Hd, 1	Schülervortrag
2.	Begriffserklärungen	Unterrichtsgespräch
3.	Diskussion der Frage: Wodurch wird Woyzeck geängstigt	Diskussion
4.	Arbeitsauftrag a) leises Lesen der Szene Hd, 2 b) Kennzeichnen des Gesprächsinhaltes der drei Kommunikationssituationen	 (Stillphase)
5.	Besprechung der Kommunikationsinhalte	Unterrichtsgespräch
6.	Kurze Zusammenfassung (= Ergebnissicherung)	Schülervortrag

Hausaufgabe

a) Falls der 5. Unterrichtsschritt nicht mehr in der Stunde erarbeitet werden kann, ist er als 1. Teil der Hausaufgabe denkbar.

b) Lest die Szene Hd, 5 so, daß ihr sagen könnt, weshalb Hauptmann und Woyzeck einander mißverstehen müssen und in welchen Punkten es dem Hauptmann gelingt, Woyzeck zu einer Antwort zu provozieren. Kommt Woyzeck dabei zu einem Bewußtsein seiner sozialen Lage?

9. Stunde

Unterrichtszusammenhang

Begegnete dem Leser bisher ein verstörter, unter schrecklichen Visionen leidender Woyzeck, so lernen wir ihn nun in seinen realen Lebensumständen kennen.

Eine seiner Tätigkeiten (Aufgaben) als Offiziersbursche besteht darin, seinen Vorgesetzten zu rasieren.

Thema der Stunde: Woyzeck und der Hauptmann

Didaktische Analyse

Mit zu den zentralen Stunden in der Unterrichtseinheit gehört die Erarbeitung der vorliegenden Szene Hd, 5 (s. Schülerheft S. 15 ff.).

Gerade aus der unterschiedlichen sozialen Stellung Woyzecks und des Hauptmanns, den ihrer Schichtzugehörigkeit geschuldeten Erfahrungen, die ihr Bewußtseins- und Handlungsspektrum bestimmen, kann den Schülern eine Situation verdeutlicht werden, in der zwischen diesen beiden Personen keine Verständigung mehr möglich ist.

Phrasenhaft meditiert der Hauptmann über den Sinn des Daseins, gibt seine Vorstellung von Moral und Tugend weiter. Wechselweise sprechen aus ihm existentielle Ängste, Rührung, Langeweile und Selbstmitleid.

Woyzeck begegnet seinen Ausführungen mit Unverständnis und Dienstbeflissenheit. Erst als die Rede auf sein Kind kommt, schüttelt er sein passives Verhalten ab. In seinen Worten spiegelt sich die soziale Wirklichkeit: Tugend und Moral sind an Geld und Ansehen gebunden; der in der sozialen Hierarchie untenstehende hat genug damit zu tun, satt zu werden. Selbst der christliche Glaube an ein Leben nach dem Tod stellt keine Perspektive für ihn dar. Sein ganzer Pessimismus spricht aus den Worten: „. . . ich glaub, wenn wir in Himmel kämen, so müßten wir donnern helfen." (Schülerheft S. 16, Z. 27).

Der Hauptmann begegnet uns außerhalb seiner militärischen Funktion (nicht stolzer, strammer Soldat wie der Tambourmajor). Nicht das aufgeklärte, sondern das ängstliche, in der Misere sich kompromißlerisch einrichtende Bürgertum spricht aus ihm, geschwätzig, indifferent, sich überlegen wähnend, dabei sich selbst belügend und mit doppelter Moral ausgestattet.

Dagegen ergibt sich aus der Disposition der verschiedenen Personen des Dramas in sozialer Bedingtheit für Woyzeck jener Konflikt, den er auf tragische Weise durchlebt, ohne ihn jedoch begreifen, geschweige denn steuern oder lösen zu können. Er unterliegt der entwürdigenden und lebenszerstörenden Gewalt von Verhältnissen, die ihm typisiert in der Person des Hauptmanns (später des Doktors bzw. des Tambourmajors) entgegentreten. Ihnen ist Woyzeck in seiner intellektuellen und verbalen Beschränktheit ausgeliefert, worin eine immer von außen wirksame Dynamik sichtbar wird. Diese spezielle Perspektive, das Drama nicht ursächlich von der Person Woyzecks und seinem Verhalten aus aufzubrechen, sondern sein Handeln in Abhängigkeit von Herrschaftsmechanismen zu begreifen, bestimmt das Unterrichtsvorhaben.

Die Umsetzung folgender Unterrichtsziele sollte demgemäß angestrebt werden:

Unterrichtsziele

Die Schüler
- können die zentralen Inhalte dieses Dialogs wiedergeben;
- erkennen das Abhängigkeitsverhältnis, in dem Woyzeck zum Hauptmann steht;
- vermögen den Hauptmann als einen Repräsentanten der unaufgeklärten bürgerlichen Schicht zu identifizieren und dessen verlogene Moralvorstellungen herauszuarbeiten;
- lernen die unterschiedliche Schichtzugehörigkeit Woyzecks und des Hauptmanns als mitbestimmend für deren soziales Handeln und kommunikatives Verhalten zu sehen.

Methodische Entscheidungen

Den Anfang der Stunde kann wieder das laute Lesen dieses Dialogs bilden, u. a. auch, um sicher zu gehen, daß allen Schülern der Szeneninhalt gegenwärtig ist. (Wenn man den Akzent auf gestaltendes, interpretierendes Lesen legt, empfiehlt es sich, das laute Lesen am Ende der Stunde vornehmen zu lassen.)

Je nach Lernfähigkeit der Unterrichtsgruppe sollte man entscheiden, ob das gelenkte Unterrichtsgespräch sinnvoll ist oder eine stärkere Mitgestaltung der Schüler am Unterrichtsfortgang.

Wählt man den letzten Vorschlag, bietet es sich an, die Schüler mit zwei kleinen Arbeitsaufträgen zu versehen (s. u.), danach eine von ihnen zu führende Diskussion anzuschließen und im Unterrichtsgespräch ein vorläufiges Fazit zu ziehen.

Besteht eine besonders selbständige Lerngruppe, so kann der Lehrer alternativ dazu die Schüler mit zwei provozierenden Thesen konfrontieren, die z. B. folgendermaßen lauten könnten:

a) Der Hauptmann verhält sich Woyzeck gegenüber sehr aufrichtig und verständnisvoll!
b) Woyzeck ist sich seiner gesellschaftlichen Situation (soziale Lage) voll bewußt!
Im folgenden wird der mittlere Ansatz vorgestellt.

Geplanter Stundenverlauf

Unterrichts-schritte	Unterrichtsinhalte	Unterrichtsformen
1.	lautes Lesen	Schülervortrag
2.	Arbeitsauftrag:	
	a) Wie sieht sich Woyzeck selbst, und wie sieht er den Hauptmann?	Stillarbeit
	b) Wie sieht sich der Hauptmann, und welche Meinung hat er von Woyzeck?	Partnerarbeit
3.	Besprechung der Arbeitsfragen unter Leitung von zwei Schülern	Diskussion (Lehrer als integrierter Diskussionsteilnehmer)
4.	Ergebnissicherung	Unterrichtsgespräch

Hausaufgabe

a) Wiederholung der Ergebnisse dieser Stunde.
b) Lesen der Szene Hd, 8 (s. Schülerheft S. 20ff.) und überlegen, worin sich der Doktor vom Hauptmann unterscheidet.

Mögliche Unterrichtsfragen

1. Wie verhält sich Woyzeck bzw. der Hauptmann?
2. Aus welcher Schicht stammen der Hauptmann bzw. Woyzeck?
3. Hat ihre Schichtzugehörigkeit Einfluß auf ihr Verhalten?
4. Welche gesellschaftlichen Wertvorstellungen können ihnen zugeordnet werden und wie artikulieren sie sich in dieser Szene?
5. Wie bewußt sind sich Woyzeck und der Hauptmann ihrer Lebenssituation?

Unterrichtszusammenhang

Neben dem Hauptmann begegnet uns mit dem Doktor die zweite Person, die Woyzeck in sozialem Ansehen und gesellschaftlicher Position „übergeordnet" ist. Woyzecks Beziehung zu beiden ist durch materielle Abhängigkeit (Dienstverhältnis bzw. Experimentierobjekt) gekennzeichnet.

Diese inhaltlichen Komponenten lassen es wünschenswert erscheinen, beide Szenen nacheinander zu behandeln.

Thema der Stunde: Woyzeck und der Doktor

Didaktische Analyse

Um zu einer genaueren Bestimmung des Verhältnisses Woyzeck-Doktor in Hd, 8 (s. Schülerheft S. 20ff.) zu kommen, ist es unumgänglich, die diesen beiden Personen eigenen Motive für ihre Verhaltensweisen, sowie den äußeren Rahmen aufzuzeigen, in dem sie sich begegnen.

Woyzeck stellt die „richtige" Versuchsperson für die Experimente des Doktors dar. Ihn treibt die finanzielle Not dazu, sich einem „wissenschaftlichen" Versuch zur Verfügung zu stellen, der bei extrem geringer Bezahlung mit so hohen gesundheitlichen Gefahren und persönlichen Einschränkungen verbunden ist.

Der Doktor entpuppt sich als verantwortungsloser Wissenschaftler, der Woyzeck als Experimentierobjekt mißbraucht, um seinen persönlichen Ehrgeiz zu stillen („Es gibt eine Revolution in der Wissenschaft . . .", s. Schülerheft S. 20, Z. 28). Gerade die grundsätzliche Menschenverachtung, verstärkt noch für den niederen Stand, das mangelnde Verständnis für dessen Schwierigkeiten führt den Doktor dazu, Woyzeck überhaupt keine ärztliche Fürsorge angedeihen zu lassen. Nicht der Mensch Woyzeck ist für den Arzt interessant, dem es zu helfen gilt, sondern der entmenschlichte (entseelte) kleine Soldat, degradiert zu einer Sache, entkleidet seiner Gefühle, Ängste und Nöte, der in der Hierarchie der Lebewesen noch unter dem „Proteus" (Schülerheft S. 21, Z. 12) rangiert.

Obwohl der Doktor ihn mißbraucht, bringt Woyzeck einen Grundstock an Vertrauen auf, weil er sonst nicht versuchen würde, mit ihm über seine Visionen und Nöte zu sprechen. Der Doktor bringt seinen Worten jedoch kein inhaltlich-soziales Interesse entgegen, läßt ihn nicht ausreden und dokumentiert so augenscheinlich, daß keine Kommunikation zwischen ihnen möglich ist. Resigniert zieht sich Woyzeck zurück, verfällt in das dienstbeflissene „ja wohl".

Woyzeck kann vom Doktor keine Hilfe erwarten und bleibt sich selbst überlassen; seine Probleme, die er nicht bewältigen kann, wachsen und warten auf eine Lösung.

Das Selbstverständnis des Doktors als Arzt, Mensch und Wissenschaftler, Woyzecks Objektcharakter, die gestörte Kommunikation zwischen beiden und die resignative Haltung Woyzecks am Ende des Dialogs sollten auf jeden Fall in dieser Stunde zur Sprache kommen.

Unterrichtsziele

Die Schüler

- beschreiben das Verhalten Woyzecks und des Doktors;
- kennzeichnen Woyzecks Abhängigkeitsverhältnis zum Doktor;
- erkennen, daß Woyzeck nur ein Experimentierobjekt für den Doktor darstellt;
- vergleichen Hauptmann und Doktor in ihrem Verhältnis zu Woyzeck.

Methodische Entscheidungen

Zu Beginn der Stunde ist eine Klärung der vielen Fachausdrücke nötig, damit man sich später ungestört der Interpretation dieser Szene zuwenden kann.

Zur Einführung in die Besprechung des Dialogs sollten die Schüler, um ihre Verstehensfähigkeit zu überprüfen, eine Inhaltsangabe der Szene vornehmen.

Entsprechend der Leistungsfähigkeit der Lerngruppe kann der Lehrer mit der Interpretation beginnen, indem er entweder die Schüler eine Deutung des Szeneninhalts vornehmen läßt, die er erst später lenkend zum Abschluß bringt, oder er stellt gezielt Fragen, an die sich eine Diskussion/Besprechung anschließen kann.

Den Abschluß der Stunde soll das interpretierende Lesen des Dialogs bilden, was voraussetzt, daß die Schüler den Inhalt der Szene verstanden haben.

Geplanter Stundenverlauf

Unterrichtsschritte	Unterrichtsinhalte	Unterrichtsformen
1.	Klärung der verschiedenen Ausdrücke	Unterrichtsgespräch
2.	Inhaltsangabe der Szene: Stellt euch vor, ihr sollt den Inhalt des Dialogs jemandem erzählen, der bis zur Szene Hauptmann–Woyzeck vorgedrungen ist, aber jetzt gerne wissen möchte, wie es weitergeht.	Schülervortrag
3.	Interpretation a) vom Schüler ausgehend oder b) vom Lehrer gesteuert (s. dazu Fragen S. 46)	 Diskussion oder Unterrichtsgespräch
4.	a) Ergebnissicherung b) Anklänge an den hessischen Dialekt	Schülerbeitrag Unterrichtsgespräch
5.	Interpretierendes Lesen	Schülervortrag

Hausaufgabe

a) Lesen der Szenen – Hd,4/S. 14f.; – Hd,6/S. 18; – Hd,7/S. 20

b) Verteilen eines Kurzreferates (ca. 5–10 Minuten)
Thema: Versuche, aus den angegebenen Szenen die Entwicklung des Verhältnisses Marie – Tambourmajor herauszuarbeiten.

Mögliche Arbeitsfragen

1. Welche Beziehung besteht zwischen dem Doktor und Woyzeck?
2. Warum geht Woyzeck überhaupt dieses Experiment ein, und was muß er dafür tun?
3. Was motiviert den Doktor, Woyzeck mehr Geld zu geben?
4. Warum reden Woyzeck und der Doktor aneinander vorbei?
5. Welche Haltung nimmt Woyzeck zum Schluß der Szene ein?
6. Wie versteht „Der Doktor" seinen Beruf als Arzt? – Welches Verständnis liegt der Beziehung Doktor–Woyzeck zugrunde?
7. Wie unterscheidet sich das Verhältnis Woyzeck–Doktor von der Beziehung Woyzeck-Hauptmann?
8. Wo könnt ihr Anklänge an den hessischen Dialekt erkennen?

11. Stunde

Unterrichtszusammenhang

In der bisherigen Analyse wurden Woyzecks Schwierigkeiten deutlich. Hilfe und Verständnis kann er von den Vertretern der bürgerlichen Ordnung nicht erwarten. Und nun beginnt auch noch sein Zuhause, die Beziehung zu Marie und dem Kind, zu zerbrechen.

Dieser Auflösungsprozeß des Verhältnisses Marie-Woyzeck steht also jetzt im Mittelpunkt der Besprechung: Der Hauptakzent wird aber auf Maries Verhalten gelegt. Aus ihrer Bedürfnislage soll ihr Handeln verständlich und in seinen Auswirkungen auf Woyzeck bezogen werden.

Thema der Stunde: Marie – Tambourmajor und Woyzecks Eifersuchtsgefühle

Didaktische Analyse

Der Tambourmajor hat sein Werben um Marie intensiviert und ihr wertvolle Ohrringe mitgebracht. Marie ist fasziniert von dem Geschenk, das ihre Eitelkeit anspricht, sonnt sich aber auch in dem Gefühl, begehrt zu werden.

Gefangen in ihren Träumen, merkt sie zu spät, daß Woyzeck eintritt. Sie fühlt sich ertappt, kann die Ohrringe vor ihm nicht mehr verbergen und lügt ihn zum ersten Mal an, als er nach der Herkunft der Ohrringe fragt. Woyzeck vertraut ihr jedoch so sehr, daß kein Zweifel in ihm wach wird. Fürsorglich wie immer, gibt er seinen Sold ab und beschämt Marie durch sein Verhalten zutiefst, ohne es zu ahnen. Nur kurz keimen in ihr die Gewissensbisse, um bald darauf verdrängt zu werden (Hd, 4).

Büchner gelingt es ausgezeichnet, die Spannung zu steigern und den Rezipienten in das Geschehen einzubeziehen. Das Szenenende evoziert gerade folgende Erwartungshaltung:

a) Wie wird sich das Verhältnis Marie–Tambourmajor entwickeln?
b) Welche Veränderung erfährt die Beziehung Marie–Woyzeck?

Klar und unmißverständlich kommt die Antwort: Marie kann sich dem Tambourmajor nicht entziehen. Bewunderung für seine Statur und der Stolz, daß gerade er sie begehrt, mischen sich mit dem Drang, ihn zu besitzen. Leidenschaft und Verlangen ergreifen sie; der „Ehebruch“ wird zur Tatsache (Hd, 6).

Woyzeck hat Marie mit dem Tambourmajor gesehen und macht Marie heftige Vorhaltungen. Das bisher harmonische, auf Vertrauen basierende Verhältnis ist zerbrochen. An seine Stelle tritt nun Woyzecks Eifersucht, die seine Gedanken von hieran beherrscht (Hd, 7).

Allgemeiner Leitfaden für die Erarbeitung des Szeneninhaltes für diese Stunde sollen die unter a) und b) angeführten Fragen sein, aus denen sich auch die konkreten Unterrichtsziele ergeben.

Unterrichtsziele

Die Schüler

- können die Entwicklung des Verhältnisses Marie–Tambourmajor erläutern;
- formulieren, wie es zu dieser Beziehung überhaupt kommen konnte;
- versuchen, die Auswirkungen dieser „Liaison“ auf die Beziehung Marie–Woyzeck zu bestimmen;
- erkennen, wodurch Woyzeck Verdacht geschöpft hat und eifersüchtig wird.

Methodische Entscheidungen

Das in der letzten Stunde verteilte Kurzreferat bietet sich als Einstieg an. Inhaltlich wird es den Entwicklungsgang der Beziehung Marie – Tambourmajor nachzeichnen und Ansatzpunkte liefern, um Maries Beweggründe in einer vertiefenden Diskussion besser erfassen zu können.

Woyzecks Reaktion, seine Eifersuchtsgefühle und Ängste können abschließend im Unterrichtsgespräch erläutert werden.

Geplanter Stundenverlauf

Unterrichts-schritte	Unterrichtsinhalte	Unterrichtsformen
1.	Kurzreferat	Schülervortrag
2.	a) Besprechung der Referatform b) Erörterung des Referatinhaltes	Diskussion
3.	Lautes Lesen der Szene Hd, 7	Schülervortrag
4.	Woyzecks Reaktion auf Maries Verhalten	Unterrichtsgespräch

Hausaufgabe

a) Lesen der Szenen: Hd, 10/S. 24f.; – Hd, 11/S. 25f.; Hd, 12/S. 26; – Hd, 13/S. 26

b) *Kurzreferat–Thema:* Wie versucht Woyzeck mit der neuen Situation fertig zu werden?

Mögliche Arbeitsfragen

1. Warum reizt der Tambourmajor Marie so sehr?
2. Welche Bedeutung besitzt der Tambourmajor für Marie?
3. Ändert sich Maries Verhalten Woyzeck gegenüber?
4. Empfindet Marie noch etwas für Woyzeck?
5. Entspricht Woyzecks Reaktion unseren Erwartungen?

12. Stunde

Unterrichtszusammenhang

In der vorhergehenden Stunde wurde die Entwicklung der Beziehung Marie-Tambourmajor und die erste Reaktion Woyzecks erörtert, nachdem er hiervon erfahren hatte.

Jetzt soll untersucht werden, wie Woyzeck mit dieser Situation weiterhin fertig wird und welche Handlungsperspektive sich für ihn eröffnet.

Thema der Stunde: Reaktion Woyzecks auf das Verhältnis Marie–Tabourmajor

Didaktische Analyse

Woyzeck sitzt mit Andres in der Wachtstube und beobachtet, wie das schöne Wetter die Menschen zum Tanz in die Wirtshäuser vor die Stadt zieht. Er ahnt, daß auch Marie und der Tambourmajor sich dort vergnügen. Seine Unruhe treibt ihn nach draußen, er will Gewißheit (Hd, 10).

Ausgelassen feiern die Leute im Wirtshaus, und mitten unter ihnen befindet sich der verzweifelte und vereinsamte Woyzeck – der Kontrast könnte nicht größer sein!

Und dann erfährt er die letzte Bestätigung für seine Vermutungen: Marie tanzt begeistert in den Armen des Tambourmajors an ihm vorbei. Dieser Anblick und Maries forderndes „immer zu, immer zu!" erschüttern ihn zutiefst. Seine ganze Ohnmacht gipfelt in der Anklage gegen die brutale Wirklichkeit:

„Warum bläst Gott nicht [die] Sonn aus, daß alles in Unzucht sich übernanderwälzt, Mann und Weib, Mensch und Vieh." (Schülerheft S. 25, Z. 31)

Auf dem Feld verfolgen Woyzeck die Eindrücke vom Treiben im Gasthaus, von Tanz und Musik. Die Worte von Marie: „immer zu!" haben sich in seine Gedanken eingefressen und bestimmen sie total. Marie ist endgültig verloren, sein Leben scheint ohne Sinn. In diesem Zustand der Verzweiflung hört er die Stimmen aus dem Boden, die ihm den Befehl zum Mord an Marie, die den gemeinen Namen der „Zickwolfin" erhält (Hd, 12), geben.

Zweifelnd nachfragend, ob er richtig gehört hat, wird die Aufforderung immer deutlicher: „stich, stich die Zickwolfin tot!"

„Soll ich? Muß ich?" läßt noch zaghaft die Möglichkeit zum Rückzug offen. – Aber selbst der Wind flüstert es, von überall nun stürmt es auf ihn zu und mündet endgültig im „stich tot, tot!"

Die Tötungsabsicht setzt sich in ihm fest, ohne schon zum Plan gereift zu sein.

Sein Schlaf wird von den Ereignissen im Wirtshaus bestimmt (Hd, 13); sie lassen ihn nicht mehr los und graben sich immer tiefer in sein Denken ein. Das „Immer zu!" tobt stakkatohaft in seinem Kopf und läßt ihn nicht mehr zur Ruhe kommen. Indem die Schüler den oben angeführten Entwicklungsgang Woyzecks nachzeichnen können, entwickeln sie ein Verständnis für Woyzecks inneren Konflikt, der dann im weiteren Geschehen seine Auflösung findet.

Unterrichtsziele

Die Schüler

- können Woyzecks „innere Unruhe" erklären;
- erkennen die Eskalation des Eifersuchtsgefühls bei Woyzeck;
- erläutern, wie die Mordabsicht in Woyzeck reift;
- vermögen den inneren Konflikt, in dem sich Woyzeck befindet, zu beschreiben.

Methodische Entscheidungen

Das Kurzreferat kann einen wirkungsvollen Einstieg bieten, weil seine Leitfrage nicht nur in medias res führt, sondern auch die zu behandelnden Szenen thematisch einklammert. Die Besprechung von Referatform und -inhalt muß an dieser Stelle durch intensive Textarbeit an ausgewählten Textausschnitten ergänzt werden, weil wir es hier mit der Nahtstelle des Dramas zu tun haben, an der deutlich wird, wie sich der Mordgedanke in Woyzeck entwickelt.

Vor der vertiefenden Besprechung der Textstellen empfiehlt es sich, sie gemeinsam zu lesen, damit der jeweilige Szeneninhalt den Schülern voll gegenwärtig ist.

Geplanter Stundenverlauf

Unterrichts-schritte	Unterrichtsinhalte	Unterrichtsformen
1.	Kurzreferat: Wie versucht Woyzeck mit der neuen Situation fertig zu werden?	Schülervortrag
2.	a) Besprechung der Referatform b) Besprechung des Referatinhaltes	Diskussion
3.	Vertiefende Analyse durch Textarbeit: Lesen der Szene Hd, 11	Schülervortrag
4.	Herausarbeitung der Stellen, die über Woyzecks Gefühlslage Auskunft geben	Unterrichtsgespräch
5.	Lesen der Szene Hd, 12	Schülervortrag
6.	Diskussion der Bedeutung dieser Szene für den Verlauf der Handlung	Unterrichtsgespräch

Hausaufgabe

Lesen der Szenen – Hd, 14, 15 und 17 (s. Schülerheft S. 27–29) unter der Fragestellung: Plant Woyzeck den Mord an Marie?

Mögliche Arbeitsfragen

1. Warum wirkt Woyzeck so unruhig?
2. Von welchem Gefühl ist Woyzeck beherrscht?
3. Wie reagiert Woyzeck, als er Marie mit dem Tambourmajor tanzen sieht?
4. Was bedeutet: „Das Weib ist heiß, heiß!“ (Hd, 11)?
5. Welche Bedeutung haben die Stimmen, die „aus dem Boden“ kommen?
6. Stemmt sich Woyzeck dem Befehl der Stimmen, Marie zu töten, entgegen?
7. Warum denkt Woyzeck nur daran, Marie zu töten und nicht seinen Nebenbuhler, den Tambourmajor?
8. Ist Woyzeck entschlossen, Marie zu töten?

13. Stunde

Unterrichtszusammenhang

Die 12. Stunde hat den „inneren“ Konflikt Woyzecks deutlich gemacht. Welcher Weg sich für die „Lösung“ seiner Probleme ergibt, wird Inhalt dieser Stunde sein.
Thema der Stunde: Der Mordentschluß

Didaktische Analyse

An den zur Interpretation vorgeschlagenen Szenen sollen die Schüler nachweisen können, wie sich die Tötungsabsicht Woyzecks zum Mordentschluß wandelt. Seine psychische Angespanntheit, das Aufeinandertreffen mit dem Tambourmajor, der Messerkauf beim Juden sind Stationen auf diesem Weg.

Das „immer zu, immer zu“ quälte Woyzeck die ganze Nacht über, ließ ihn nicht zur Ruhe kommen (Hd, 13). Innerlich aufgewühlt trifft er am folgenden Tage im Wirtshaus (Hd, 14) den Tambourmajor, der sich, durch den Alkohol seiner imposanten Stattlichkeit entkleidet, als roh und gewalttätig entpuppt. Woyzecks Aggressionen ihm gegenüber entladen sich, als dieser ihn provoziert. Der ungleiche Kampf ist schnell beendet. Psychisch und jetzt auch noch physisch gedemütigt, ohnmächtig gegen den Nebenbuhler etwas ausrichten zu können, kehrt eine beängstigende Ruhe bei ihm ein. „Eins nach dem andern“ kennzeichnet den Umschlagpunkt, wo das „stich tot, tot“ in ihm gesiegt hat.

Folgerichtig geht er in den Kramladen des Juden, um sich das Mordwerkzeug zu beschaffen. Da die Pistole zu teuer ist, entschließt er sich zum Kauf des Messers, ohne den Preis herunterzuhandeln.

Der Entschluß zum Mord ist gefaßt (Hd, 15, s. Schülerheft S. 28)!

Die Frau, für die er gelebt hat und die seinem Leben den Sinn gab, scheint endgültig verloren. So wird er auf das Wenige zurückgeworfen, was noch sein eigen ist: Das Kreuz seiner Schwester, der Ring seiner Mutter stellen nur Erinnerungswerte dar. Als trauriger Rest seiner Bestandsaufnahme bleibt nur das Identitätspapier vom Militär übrig: „Friedrich Johann Franz Woyzeck, Wehrmann, Füsilier im 2. Regiment . . .“

Um sinnvoll weiterleben zu können, ist das zu wenig.

So verläßt er den ahnungslosen Andres mit dem doppeldeutigen Satz:
„Ja Andres, wann der Schreiner die Hobelspän sammelt, es weiß niemand, wer sein Kopf drauf lege wird.“

Er gilt für Woyzeck selbst, wie für Marie (Hd, 17, s. Schülerheft S. 29).

Im Kontrast dazu soll die Konfliktsituation erarbeitet werden, die Marie durchlebt.

Sie liest im Johannes–Evangelium von der Ehebrecherin und sucht in dieser Geschichte Trost und Vergebung. Trotz tiefer Reue spürt sie, daß sie keine Hilfe erwarten kann: „Alles tot!“ (Hd, 16, s. Schülerheft S. 28f.).

Unterrichtsziele

Die Schüler
- können die Niederlage Woyzecks gegen den Tambourmajor als endgültigen Umschlagpunkt beschreiben, in dem sich Woyzecks Tötungsabsicht zum Mordentschluß wandelt;
- sehen (Messerkauf), daß Woyzeck den Mord plant;
- begreifen Maries Gewissensnot.

Methodische Entscheidungen

Ausgehend von der Hausaufgabe, bietet sich die Diskussion als Unterrichtsform an. Hierin sollen die Schüler nachweisen, wie sie dem bisherigen Unterricht gefolgt sind und wie sie die Erkenntnisse aus den „neuen" Szenen einbringen können.

Anschließend sollten Sie die Schüler die Szene Hd, 16 laut lesen lassen. So ist gewährleistet, daß sie sich schneller auf den neuen Szeneninhalt konzentrieren, und Maries Gewissensnot kann im Unterrichtsgespräch dann besser thematisiert werden.

Geplanter Stundenverlauf

Unterrichts-schritte	Unterrichtsinhalte	Unterrichtsformen
1.	Hausaufgabe: Plant Woyzeck den Mord an Marie? (Szenen: - Hd, 14 - Hd, 15 } (s. Schülerheft S. 27–29) - Hd, 17)	Diskussion
2.	Lesen der Szene: „Marie, blättert in der Bibel"	Schülervortrag
3.	Maries Gewissensnot	Unterrichtsgespräch

Hausaufgabe

Lest die Szenen Ha, 4–10 (s. Schülerheft S. 30 ff.) so, daß ihr den darin geschilderten Handlungsablauf genau wiedergeben könnt.

14. Stunde

Unterrichtszusammenhang

Während in der vorangegangenen Stunde Woyzecks Motive für den Mord an Marie untersucht wurden, wird nun die Mordtat selbst zum Thema des Unterrichts. Das eigentliche Mordgeschehen ist Bestandteil einer Szenenfolge, die vom Abholen

Maries bis zur Beseitigung der Tatwaffe reicht. In der Abfolge der Szenen Ha, 4–10 werden Woyzecks Verhalten und seine Reaktionen in unterschiedlichen Situationen dargestellt.

Thema der Stunde: Untersuchung des Mordkomplexes Ha, 4–10 (s. Schülerheft S. 30ff.).

Didaktische Analyse

Der Mordkomplex ist in mehrere Szenen unterteilt, die Woyzecks Situation vor und nach der Tat wiedergeben.

In der Eingangsszene Ha, 4 steht ein Märchen im Vordergrund, das die Großmutter erzählt. In diesem Märchen wird gleichnishaft eine Wirklichkeit beschrieben, die Hoffnungslosigkeit, Einsamkeit und Verzweiflung ausdrückt. Desillusionierend wirkt der Kontrast zwischen kindlicher Vorstellung und erfahrener Realität:

Mond – ein faules Holz
Sonne – eine verwelkte Sonnenblume
Sterne – Mücken, die der Neuntöter auf die Stacheln der Schlehen steckt.

Sonne, Mond und Sterne, die als bekanntes Motiv von Märchen und Kinderliedern die Vorstellung einer „heilen Welt" erzeugen, werden zu Symbolen des Absterbens und Verfallens verfremdet. Selbst der Hafen, der mit dem Zustand der Erde verglichen wird, ist kein Zufluchtsort mehr.

Dieses Wirklichkeitserleben ist selbst Teil von Woyzecks Bewußtsein, der seine Umwelt als fremd und bedrohlich empfindet.

In der nachfolgenden Szene (Ha, 5) wird der Mord an Marie dargestellt. Es wird deutlich, daß Woyzeck absichtsvoll handelt (Woyzeck: „Du wirst dir die Füße nicht wundlaufen."). Das Gespräch mit Marie wird zum Scheindialog, da Woyzeck von ihr keine Antwort auf seine Fragen erwarten kann („Weißt du auch wie lang es noch sein wird?"). Obwohl Woyzeck noch für Marie empfindet, steht sein Mordentschluß fest. Wie unverständlich, angstvoll und fremd Woyzecks Verhalten auf Marie wirkt, zeigen ihre Fragen: „Wie bist du auch? . . . Was sagst du? . . . Was hast du vor?"

Die Mordtat selbst hebt das Affektive und Unkontrollierte in Woyzecks Verhalten hervor. Die ständigen Wiederholungen: „Nimm das und das! . . . So! So! . . . Tot! Tot!", sind Ausdruck höchster Erregung, in der er sich befindet.

In Ha, 6 verstärkt sich das Grauen, das von der Mordtat ausgeht und in der Beschreibung und Wahrnehmung der Natur verstärkt wird.

Die Szene Ha, 7 zeigt erste Reaktionen Woyzecks nach der Tat. In seiner Äußerung: „Tanzt alle, immer zu, schwitzt und stinkt, er holt Euch doch einmal alle", wird eine Drohung deutlich, die er an Marie wahrgemacht hat. Zugleich drückt Woyzeck seine Abscheu gegen das Triebhafte, Animalische aus, das er in der Situation zu erkennen glaubt.

In dem Lied, von Woyzeck und Käthe gemeinsam gesungen, klingen Parallelen zum Verhalten Maries an. Eine Dienstmagd sitzt im Garten und wartet auf die Soldaten. Ihr stehen lange Kleider und spitze Schuhe ihrem Stande gemäß nicht zu (vgl. Hd,4 die glänzenden Ohrringe Maries).

Die Entdeckung, daß Woyzeck blutbefleckt ist, seine unlogische Begründung für diesen Zustand und vor allem die Äußerung des Narren nötigen Woyzeck eine Rechtfertigung ab, die als Verteidigung verstanden werden soll: „Bin ich ein Mörder?, Was gafft ihr! Guckt Euch selbst an."

In dieser Fragestellung wird, wenn auch für Woyzeck unbewußt, die Schuldproblematik angesprochen.

Woyzeck läßt den an der Situation Beteiligten keine Zeit zur Antwort, da er fluchtartig den Raum verläßt.

In Ha, 8 zeigt der Dialog der Kinder, daß die Tat ruchbar geworden ist.

In unmittelbarem Zusammenhang damit stehen die Szenen Ha, 9 und Ha, 10 in denen dargestellt wird, daß Woyzeck die Mordwaffe zu beseitigen versucht. Die Anreihung verwirrter Fragen, die er bei der Rückkehr zum Tatort stellt („Was bist du so bleich, Marie? Was hast du eine rote Schnur um den Hals?"), zeigen den Zustand, in dem sich Woyzeck befindet, lassen aber auch den Gedanken der Rechtfertigung aufkommen: „Bei wem hast du das Halsband verdient, mit dei Sünden? Du warst schwarz davon, schwarz! Hab ich dich jetzt gebleicht." Woyzeck bezichtigt Marie der Sünde, der Verfehlung. Durch diese Anschuldigung kommt, wenn auch von ihm unausgesprochen, der Gedanke von Rache und Strafe auf.

Unklar bleibt in Ha, 10 Woyzecks Schicksal. In seinem Versuch, die Tatwaffe zu beseitigen, geht er immer tiefer ins Wasser. Der Schluß des Dramas bleibt offen, da der Zuschauer nicht erfährt, was mit Woyzeck weiter geschieht.

Insbesondere diese Schlußszene zeigt den fragmentarischen Charakter des Werkes. Die Frage nach Woyzecks Schuld ergibt sich aus dem Mordkomplex, kann aber nicht nur an diesem selbst erarbeitet werden. Nur in der übergreifenden Analyse des Dramas und in Kenntnis der Determinanten, die Woyzecks Lebensweg bestimmen, läßt sich die Schuldfrage problematisieren. Damit führt diese Stunde über sich selbst hinaus zu Fragestellungen, die im nachfolgenden Unterrichtsverlauf von den Schülern zusammenfassend beantwortet werden sollen.

Unterrichtsziele

Die Schüler

- stellen dar, daß der Mordkomplex in Szenen gegliedert ist, die in ihrem Zusammenhang die Situation Woyzecks vor und nach dem Mord verdeutlichen;
- erkennen, daß in der Märchenerzählung gleichnishaft eine hoffnungslose Wirklichkeitserfahrung dargestellt wird, die ein Teil von Woyzecks Bewußtsein ist;
- erkennen in dem gemeinsamen Lied von Woyzeck und Käthe Parallelen zur Situation Maries;
- können Aspekte von „Verteidigung und Rechtfertigung" (Ha, 7/Ha, 9) im Verhalten Woyzecks darstellen;

- stellen fest, daß der Schluß des Dramas offen ist und die Frage nach Woyzecks Schuld nicht hinreichend aus dem Mordkomplex zu beantworten ist;
- entwickeln Fragestellungen zur Schuldproblematik, die auf eine Zusammenfassung und Gewichtung der Determinanten hinführen, die Woyzecks Existenz bestimmen.

Methodische Entscheidungen

Da Ha, 4–10 den Gesamtkomplex des Mordes darstellt, werden die Szenen einzeln und in ihrem gegenseitigen Bezug erarbeitet. In der Analyse der Einzelszenen wird der jeweilige Situationsausschnitt umfassend untersucht.

Die Frage nach der Schuld Woyzecks, die am Ende dieser Stunde steht, ist zugleich die Überleitung zur folgenden Unterrichtsarbeit.

Geplanter Stundenverlauf

Unterrichts-schritte	Unterrichtsinhalte	Unterrichtsformen
1.	Rollenverteiltes Lesen der Szenen Ha, 4 - 10	Schülervortrag
2.	Erarbeitung der Einzelszenen/Darstellung und Untersuchung des jeweiligen Situationsausschnittes: - Funktion des Märchens - Verhalten und Reaktionen Woyzecks und Maries in der Darstellung der Mordtat - Reaktionen Woyzecks nach der Tat	Unterrichtsgespräch
3.	Untersuchung und Beurteilung des „offenen“ Schlusses Entwicklung übergreifender Fragestellungen zur Determiniertheit des Mordes	Unterrichtsgespräch

Hausaufgabe

Faßt die Faktoren zusammen, die für die Beurteilung der Schuldfrage wesentlich sind. Berücksichtigt dabei den Zusammenhang zwischen den individuellen Bedingungen und den gesellschaftlichen Voraussetzungen, unter denen Woyzeck lebt.

Unterrichtsmaterialien

M 13

15. Stunde

Zum Unterrichtszusammenhang

Nach der aus der Hausaufgabe hervorgehenden Klärung und Gewichtung der Schuldfrage ist zum Abschluß der Unterrichtseinheit der Vergleich unterschiedlicher, inhaltlich kontrastierender Interpretationen vorgesehen. Die von den Schülern im Unterricht erarbeiteten Ergebnisse der Dramenanalyse werden in Auseinandersetzung mit den ausgewählten Interpretationsausschnitten erörtert. Durch kritische Textauseinandersetzung soll erreicht werden, daß die Schüler eigene Interpretationsentwürfe argumentativ vertreten und sie gegen Fehlinterpretationen abgrenzen.

Dieser Unterrichtsabschnitt dient damit der Operationalisierung des bisher Erlernten sowie der vertiefenden Systematisierung eigener Interpretationsergebnisse.

Thema der Stunde:

Diskussion der Schuldproblematik und Vergleich von Interpretationsausschnitten:

- Karl Viëtor
- Kurt May
- Hans Mayer

Didaktische Analyse

Den ausgewählten Interpretationsausschnitten ist die Deutung der Büchnerschen Dramenintention gemeinsam. Eine Gesamtbeurteilung der unterschiedlichen Textaussagen findet sich auf Seite 21 f., so daß die didaktischen Stundenanalyse auf die für den Unterricht relevanten Untersuchungsaspekte eingeschränkt werden kann.

Hierfür eignen sich folgende Leitfragen:

- Wie wird Woyzeck charakterisiert, wie werden seine Handlungsmotive dargestellt?
- In welcher Weise werden die gesellschaftlichen Rahmenbedingungen seiner Existenz erfaßt und die Bedeutung der ihn umgebenden Figuren berücksichtigt (z. B. Hauptmann, Doktor)?
- Was wird über Absicht und Wirkung des Dramas ausgesagt?

Nach der Besprechung der Hausaufgabe sollen die Schüler die jeweilige Interpretation inhaltlich erfassen und wesentliche Aspekte wiedergeben können.

Im Anschluß daran erfolgt unter den genannten Leitfragen die Einzelerarbeitung der Texte. Dabei ist zu beachten, daß die Beantwortung der Fragen entsprechend dem jeweiligen Aussageschwerpunkt der Interpretation unterschiedlich zu gewichten ist.

Zusammenfassend sollten folgende Ergebnisse deutlich werden:

Viëtors Interpretation stellt im Ansatz sozialkritische Aspekte des Dramas dar, leugnet jedoch weitgehend politische Intentionen. Das im Text ausgesprochene Bürgertum stellt nach Viëtor nur einen Teil der Mächte dar, die Woyzecks „Martyrium“

und Untergang bestimmen. Viëtor berücksichtigt nicht, daß der Hauptmann und der Doktor über ihre individuelle Zeichnung hinaus von Büchner als Repräsentanten des Bürgertums dargestellt werden. Deren ausbeuterisches Verhalten gegenüber Woyzeck ist für sein „Martyrium" eine wesentliche Ursache. Der Begriff „Schicksal" wird von Viëtor in diesem Zusammenhang aus seiner gesellschaftlichen Bedingtheit gelöst, wird damit analytisch unbrauchbar und zu einer wirkungslosen Anklage der „furchtbaren Beschaffenheit des Lebens."

Im Vergleich zu Viëtor wird in *May*s Interpretation der sozialkritisch-historische Aspekt des Dramas weiter reduziert. May beschränkt die Konfliktsituation Woyzecks auf einen Zusammenstoß zwischen „innen" und „außen". Textfern sind auch die Aussagen über die „Würde eines großen Leidenden", die Woyzecks Situation nicht zu erfassen vermögen. May erkennt nicht, daß Woyzecks psychischer und physischer Verfall aus dem hilflosen Erwehren gegen gesellschaftliche Bedingungen seines Daseins zu begründen sind. So kann der Mord an Marie keinesfalls als „Kraft der Liebe" oder „Tat der Liebe" gedeutet werden. Vielmehr ist Woyzecks Verlust letzter Geborgenheit in der Beziehung zu Marie Ursache und Motiv und als letzter Widerstand gegen die Übermacht der von ihm erlebten Realität zu verstehen. Die Mißdeutung dieses Motivs führt May zu dem Trugschluß, daß in Woyzecks Liebe „der gräßliche Fatalismus . . . der Geschichte" aufgehoben ist. Der Beweis für diese Aussage kann aus dem Text nicht erbracht werden, zeigt aber die Gesellschaftsferne dieser Interpretation, die damit die Aussage des Dramas verfehlt.

Im Gegensatz zu Viëtor und May stellt *Mayer* den Zusammenhang von Lebenssituation und einer daraus resultierenden Verhaltensdeterminiertheit des Individuums dar. Mayer führt diesen Zusammenhang an einigen Stellen nicht präzise genug aus. Die unklare Begrifflichkeit von „sozialer Lebenslage" und „Seinslagen" klären nicht eindeutig genug die gesellschaftlichen Implikationen des Dramas. So kommt denn Mayer in seiner Interpretation zu der Erkenntnis: „Verschiedenheit der sozialen Lagen bestimmt die Verschiedenheit der Anschauung über Sitte und Moral . . . ."

Unterrichtsziele

Die Schüler

- erkennen, daß Mord grundsätzlich nicht zu rechtfertigen ist, Woyzecks Schuldhaftigkeit jedoch durch seine Lebensbedingungen eingeschränkt ist;
- erkennen, daß Viëtors Interpretation die sozialkritische Absicht des Dramas im Ansatz erfaßt, jedoch politische Intentionen und Wirkungen, insbesondere bezogen auf die Stellung des Bürgertums, weitgehend leugnet;
- erkennen, daß in der Interpretation Mays die gesellschaftliche Situation Woyzecks auf eine individuelle Problematik verkürzt und damit die Aussage des Dramas nicht verstanden wird;

- erkennen, daß Mayer den Bezug zwischen Woyzecks Lebenssituation und den gesellschaftlichen Bedingungen seiner Existenz herstellt;
- erörtern die vorliegenden Interpretationen unter Bezugnahme auf eigene Interpretationsergebnisse aus der Unterrichtseinheit.

Methodische Entscheidungen

Zentrale Aussagen in der Auswertung der Hausaufgabe und im nachfolgenden Unterrichtsgespräch werden deutlich akzentuiert.

Mit Hilfe der in der didaktischen Analyse genannten Leitfragen werden die Einzeltexte intensiver miteinander verglichen. Die Auswertung der Ergebnisse geschieht im gemeinsamen Unterrichtsgespräch. Zum Abschluß fassen die Schüler die erarbeiteten Resultate zusammen und versuchen eine eigene, beurteilende Einschätzung.

Geplanter Stundenverlauf

Unterrichts-schritte	Unterrichtsinhalte	Unterrichtsformen
1.	Besprechung der Hausaufgabe: Klärung und Gewichtung der Schuldfrage	Diskussion
2.	Gemeinsame Untersuchung der Einzeltexte: Akzentuierung wesentlicher Textaussagen	Unterrichtsgespräch
3.	Zusammenfassender Textvergleich: Beurteilung der Interpretationsausschnitte	Unterrichtsgespräch

Unterrichtsmaterialien

M 14

Zum Unterrichtszusammenhang

Die folgende Stunde fällt aus der Kontinuität des Unterrichts heraus und bietet sich als Ergänzung und Vertiefung an. Es ist dem Lehrer überlassen, die Inhalte dieser Stunde zum geeigneten Zeitpunkt in den Unterricht einzuarbeiten oder sie gesondert als Stunde zu präsentieren.

Thema der Stunde:
Die Raum- und Zeitbehandlung im „Woyzeck", dargestellt an den Szenen:
- Hd, 5 Der Hauptmann. Woyzeck. (Zeitbehandlung)
- Ha, 5, Ha, 6 Marie und Woyzeck. Es kommen Leute. (Raumbehandlung)

Didaktische Analyse

Die Schüler sollen Raum und Zeit als grundlegende Kriterien formaler und inhaltlicher Textbetrachtung kennenlernen. Es soll ihnen bewußt werden, in welcher Weise Raum und Zeit Bedingungen sind, die die Entwicklung der Figuren begleiten. Insbesondere im Hinblick auf Woyzeck werden Raum und Zeit zu Grenzen seiner Handlungsmöglichkeit. Im Gegensatz zum Hauptmann erfährt Woyzeck Zeit unbewußt als eine Vereinnahmung, die ihn nicht zur Entfaltung seiner individuellen Bedürfnisse kommen läßt. Dieses Zeitempfinden wird durch die schlaglichtartige Folge der Szenen verstärkt.

Das unterschiedliche Zeiterleben Woyzecks und des Hauptmanns läßt sich exemplarisch an der Szene Hd, 5 nachweisen. Während der Hauptmann die innere Leere seines Daseins durch die für ihn sinnlos vergehende Zeit (Mühlrad) ausdrückt, hetzt Woyzeck ununterbrochen der Absicherung seiner kümmerlichen Existenz nach. In seiner Abhängigkeit bleiben ihm die Aussagen des Hauptmannes über die Zeit und die „Zeiteinteilung" unverständlich. Die Aufforderung des Hauptmannes an Woyzeck, nicht so zu „hetzen" und sich seine Zeit „einzuteilen", müssen vom Zuschauer/Leser als Spott und Ironie empfunden werden. In dieser Szene wird die privilegierte Position des Hauptmanns, über Zeit im Überfluß zu verfügen, deutlich.

Ebensowenig wie Woyzeck zur Ruhe kommt, findet er *einen Ort* der Geborgenheit. Die Raumgestaltung des Dramas demonstriert überall Woyzecks Verlorensein und Einsamkeit (vgl. S. 23f.). Wie er den Raum erlebt, läßt sich exemplarisch an den Szenen Ha, 5 und Ha, 6 erarbeiten: für ihn wirkt er – hier ist es die Natur – bedrohlich und abweisend. Der rote Mond, der von ihm bildhaft wie ein „blutig Eisen" empfunden wird, zeugt von der unheilvollen Ankündigung der Mordtat. Das Schaudern wird auch im Naturerleben außenstehender Betrachter (1. Person/2. Person) erfahren (Ha, 6 „Es ist das Wasser, es ruft . . .", „. . . das Summen der Käfer wie gesprungene Glocken").

Die Bildhaftigkeit der Darstellung soll von den Schülern als Intensivierung der Handlung erkannt werden.

In der übergreifenden didaktischen Analyse (S. 13ff.) finden sich weitere Beispiele, die in das Unterrichtsgespräch einbezogen werden können.

Unterrichtsziele

Die Schüler

- stellen in Abgrenzung zur Situation Woyzecks (Hd,5) den Zusammenhang zwischen dem subjektiven Zeitempfinden des Hauptmanns und seiner Lebenssituation dar;
- erkennen, daß der Hauptmann über einen „Überschuß" an Zeit verfügt, diesen aber als „Sinnleere" seines Daseins erfährt;
- erkennen in den Aussagen des Hauptmanns über die „Einteilung der Zeit" Spott und Ironie;
- erkennen, daß zwischen der von Woyzeck als bedrohlich empfundenen Natur und der Mordtat Zusammenhänge bestehen;
- begründen, in welcher Weise die inhaltliche und dramatische Gestaltung der Szenen Ha,5 und Ha,6 durch die Naturbeschreibung beim Betrachter intensiviert wird.

Methodische Entscheidungen

Die genannten Szenen werden durch interpretierendes Lesen mit verteilten Rollen in den Unterricht eingeführt. Die Schüler sollen zunächst ohne Impulsgebung des Lehrers versuchen, einen Zusammenhang zwischen den gelesenen Szenen herzustellen. Gelingt dies nicht, wird der Lehrer durch gezielte Fragestellungen auf das Stundenthema hinführen. Eine Aufforderung an die Schüler, weitere Textbeispiele zu nennen, wird zeigen, inwieweit die Aufgabenstellung von den Schülern verstanden wurde.

Geplanter Stundenverlauf

Unterrichts-schritte	Unterrichtsinhalte	Unterrichtsformen
1.	Lesen der Szenen mit verteilten Rollen	Schülervortrag
2.	Vergleich der Lebenssituation des Hauptmanns und Woyzecks in Bezug auf ihr „Zeiterleben" (Hd, 5)	Unterrichtsgespräch
3.	Vergleich des Mordgeschehens mit der Darstellung der Natur (Ha, 5, Ha, 6)	Unterrichtsgespräch

Alternative

Zur Raumbehandlung bieten sich folgende Szenen ergänzend an: Hd, 10 / Hd, 2 (vgl. Schülerheft S. 24f. / S. 12ff.)

5. LERNERFOLGSKONTROLLE (KLASSENARBEITSTHEMEN)

1. Gebt einen Überblick über Büchners Lebenslauf. Stellt in einer kurzen Zusammenfassung die historische Situation dar, in der er lebte, und nennt politische Ereignisse, die seine Arbeit als Schriftsteller beeinflußten.
2. „Die politischen Verhältnisse könnten mich rasend machen. Das arme Volk schleppt geduldig den Karren, worauf die Fürsten und Liberalen ihre Affenkomödie spielen. Ich bete jeden Abend zum Hanf und zu den Laternen." (Brief v. 9. Dez. 1833)
   - Untersucht Büchners Aussage im Hinblick auf die Absicht des „Hessischen Landboten".
   - Nennt wesentliche Anklagen, die im „Hessischen Landboten" enthalten sind.
   - Stellt an Hand von Textbeispielen dar, welche Lösungsmöglichkeiten Büchner sieht. Wie beurteilt ihr seine Ansichten?
3. „Die Kunstsprache ist abscheulich, ich meine, für menschliche Dinge müßte man auch menschliche Ausdrücke finden." (Brief v. 9. Dez. 1833)
   Untersucht, wie Büchner diesen Anspruch im Hinblick auf den „Hessischen Landboten" einlöst.
4. Beschreibt Verhalten und Sprache des Doktors und des Hauptmanns gegenüber Woyzeck. Nehmt zu der Frage Stellung, wie sich deren Verhalten auf Woyzeck auswirkt.
5. Charakterisiert das Verhältnis zwischen dem Doktor und Woyzeck. Wie beurteilt ihr das Verhalten des Doktors vor dem Hintergrund seiner ärztlichen Aufgabe?
6. Erörtert, ob der Hauptmann und der Doktor über ihre individuelle Darstellung hinaus als Vertreter einer bestimmten Gesellschaftsschicht gedeutet werden können.
7. Stellt das Verhältnis zwischen Marie und dem Tambourmajor dar. Erklärt und begründet, warum es dazu kommt, daß Marie sich dem Tambourmajor zuwendet.
8. Untersucht am Handlungsverlauf, wie sich die psychische Situation Woyzecks im Hinblick auf die Mordtat verändert. Erklärt und begründet die Motive Woyzecks, die zum Mord an Marie führen.
9. Untersucht, welches Bild von der Realität im Märchen der Großmutter (Ha, 4) vermittelt wird, und bezieht es auf Woyzecks Wirklichkeitsempfinden im „Mordkomplex" (Ha, 4–10).
10. Stellt dar, in welchem Zusammenhang Raum- und Zeiterleben der Figuren mit der Dramenhandlung stehen.

(Es empfiehlt sich, das Thema auf *einen* Aspekt – Raum oder Zeit – zu beschränken und einen konkreten Szenenhinweis zu geben.)

11. Erörtert die Schuldfrage Woyzecks.
Berücksichtigt dabei die individuellen und gesellschaftlich-sozialen Voraussetzungen seiner Existenz.
12. Untersucht und problematisiert die folgende Aussage Büchners im Hinblick auf die Gestaltung des Woyzeck im Drama:
„Ich verachte niemanden, am wenigsten wegen seines Verstandes oder seiner Bildung, weil es in niemandes Gewalt liegt, kein Dummkopf oder kein Verbrecher zu werden – weil wir durch gleiche Umstände wohl alle gleich würden und weil die Umstände außer uns liegen." (Brief: An die Familie, vom Februar 1834).
13. „Ich verlange in allem – Leben, Möglichkeit des Daseins, und dann ist's gut; wir haben dann nicht zu fragen, ob es schön, ob es häßlich ist. Das Gefühl, daß, was geschaffen sei, Leben habe, stehe über diesen beiden und sei das einzige Kriterium in Kunstsachen." (Büchner im „Lenz")
14. Was könnte den heutigen Zuschauer am Drama „Woyzeck" interessieren?

LITERATURVERZEICHNIS

1. Primärtexte

Georg Büchner: Werke und Briefe, hrsg. v. Fritz Bergemann, München ^{12}1977.

Georg Büchner: Woyzeck, Kritische Lese- und Arbeitsausgabe, hrsg. v. Lothar Bornscheuer, Stuttgart 1972.

Georg Büchner: Sämtliche Werke und Briefe, hrsg. v. W. R. Lehmann, München ^{2}1974 (= Bd. 1), ^{2}1972 (= Bd. 2) und 1982 (= Bd. 3).

Georg Büchner: Woyzeck, hrsg. E. Krause, Frankfurt/M. 1969.

Georg Büchner: Woyzeck, Leonce und Lena, hrsg. v. Otto C. A. zur Nedden, Stuttgart 1977.

Georg Büchner: Woyzeck, Erläuterungen und Dokumente, hrsg. v .Lothar Bornscheuer, Stuttgart 1977.

Georg Büchner: Werke und Briefe in einem Band. Nach der hist.-krit. Ausgabe von W. R. Lehmann. Komment. v. Karl Pörnbacher/Gerhard Schaub/Hans Stimm/Edda Ziegler. Nachw. v. W. Lehmann. München 1990.

Georg Büchner: Werke und Briefe. Neuausgabe. München (dtv-Klassik 2202) 1990.

Georg Büchner: Woyzeck. Literaturcomic mit Originaltext. Nachw. v .Thomas Mayer. Berlin 1990.

Georg Büchner: Werke u. Briefe. Vorw. u. hrsg. v. Franz J. Görtz. Nachwort v. Fr. Dürrenmatt. Zürich 1988.

Enzensberger, H. M. (Hrsg.): Georg Büchner, Ludwig Weidig. Der Hessische Landbote, Frankfurt/M. 1974.

Mayer, Hans: Georg Büchner – Woyzeck, Dichtung und Wirklichkeit, Frankfurt 1976.

Schraub, Gerhard: Georg Büchner, „Der Hessische Landbote", Texte, Materialien, Kommentar, München 1976.

2. Sekundärliteratur

a) Allgemein

Geissler, Rolf: Das Drama im Unterricht. In: E. Wolfrum: Taschenbuch des Deutschunterrichts, Baltmannsweiler 1976, S. 451–467.

Hauff, Jürgen u. a.: Methodendiskussion, Arbeitsbuch zur Literaturwissenschaft Band 1 und 2, Frankfurt/M. 1972.

Hauser, Arnold: Sozialgeschichte der Kunst und Literatur, München 1972.

Horkheimer, Max: Traditionen und kritische Theorie, Frankfurt/M. 1968.

Klotz, Volker: Geschlossene und offene Form im Drama, München [6]1972.

Mittenzwei, Werner: Gestaltung und Gestalten im modernen Drama, Berlin und Weimar [2]1969.

Müller-Michaels, Harro: Dramatische Werke im Deutschunterricht, Stuttgart [2]1975.

Naumann, Manfred u. a.: Gesellschaft – Literatur – Lesen, Berlin und Weimar 1973.

Stocker, Karl (Hrsg.): Taschenlexikon der Literatur- und Sprachdidaktik, Kronberg/Taunus 1976 (2 Bände).

Szondi, Peter: Theorie des modernen Dramas, Frankfurt/M. [8]1971.

b) Literatur zu Georg Büchner

Berg, Alban: Wozzek (Schallplatte), Produktion: Otto Gerdes, bei: Deutsche Grammophon, Nr. 2707023 (Stereo; 2 LP's).

Buch, Wilfried: Woyzeck. Fassungen und Wandlungen. Dortmund 1970.

Büchner, Georg: 1813–1837, Revolutionär, Dichter, Wissenschaftler. Katalog zur Ausstellung in Darmstadt, Aug.–Sep. 1987, Frankfurt 1987.

Büchner, Georg: Materialien. Suhrkamp TB Nr. 2055. Frankfurt 1990.

van Dam, Hermann: Zu Georg Büchners Woyzeck. In: Akzente I, Jg. 1954, Nr. 1, S. 82–99

Geerdts, H.-J.: Georg Büchners Volksauffassung. In: Weimarer Beiträge, Jg. 9, Heft 4, 1963, S. 644–647.

Goltschnigg, D.: Rezeptions- und Wirkungsgeschichte Georg Büchners, Kronberg/Taunus 1975.

Goltschnigg, D. (Hrsg.): Materialien zur Rezeptions- und Wirkungsgeschichte Georg Büchners, Kronberg/Taunus 1975.

Haas, Roland/Willenberg, Heiner: Theater lesen, sehen, spielen. Ein Unterrichtsmodell am Beispiel v. G. Büchners „Woyzeck". Stuttgart 1987.

Hauschild, Jan-Ch.: Studien und neue Quellen zu Leben, Werk und Wirkung. Frankfurt 1985.

Hetmann, Frederik: Georg B. oder Büchner lief zweimal von Gießen nach Offenbach und wieder zurück. Zeit- und Lebensbild. Erzähl. m. Dokumenten. Weinheim 1981.

Insel Almanach auf das Jahr 1987. Georg Büchner. Frankfurt 1987.

Jancke, Gerhard: Georg Büchner, Königstein/Ts. [3]1979.

Jens, Walter: Euripides, Büchner (= opuscula 21), Pfullingen 1964.

Johann, Ernst: Georg Büchner (rororo Bildmonographien), Bd. 18, Reinbek b. Hamburg, [8]1971.

Johann, E. (Hrsg.): Büchner-Preis-Reden 1951–1971, Stuttgart 1972.

Knapp, Gerhard: Georg Büchner. Stuttgart [2]1984.

Langhoff, Wolfgang: Die verschiedenen Fassungen des „Woyzeck", in: Dramaturgische Blätter 2 (Berlin-Ost), 1948.

Martens, Wolfgang: Zur Karikatur in der Dichtung Büchners. (Woyzecks Hauptmann), in: Germanisch-romanische Monatsschrift, Neue Folge Bd. 8, S. 64–71.

Martens, Wolfgang (Hrsg.): Georg Büchner. Reihe: Wege der Forschung Bd. 3, Darmstadt 1965.
Meier, Albert: Georg Büchner, Woyzeck. Stuttgart ²1986.
May, Kurt: Georg Büchners Woyzeck. In: Benno von Wiese (Hrsg.): Das deutsche Drama vom Barock bis zur Gegenwart, Düsseldorf 1968, Bd. 2, S. 89–100.
Mayer, Hans: Georg Büchner und seine Zeit, Frankfurt/M. 1972.
Michaelis, Rolf: Die Wahrheit unter dem Rock. In: Die Zeit (Magazin), Nr. 29, v. 13. Juli 1979.
Reuter, Hans-Heinrich: Georg Büchner und sein „Woyzeck". In: Deutschunterricht (Ost), 10. Jg., Heft 3, 1957, S. 122–140.
Schultz, Erhard: Büchners „Woyzeck" als Drama der offenen Form – zur Adaequanz von Lernziel und Unterrichtsform. Selbsttätigkeit der Schüler in Blockstunden. In: DU 23, Jg. 1971, Heft 4, S. 121–133.
Steinbach, Dietrich: Büchners „Woyzeck" und Brechts „Kaukasischer Kreidekreis" – Gedanken zur Entwicklung der nicht-aristotelischen Bühne, in: Der Deutschunterricht, Stuttgart, Jg. 18 (1966), Heft 1.
Urban, W.: Gedanken und Vorschläge zum Ablauf der Arbeit am Lehrplan-Themenkomplex II des Bereiches Literatur im 11. Schuljahr (I). In: DU (Ost), 23. Jg., Heft 6, S. 371–377.
Viëtor, K.: Georg Büchner. Politik, Dichtung, Wissenschaft, Bern 1949.

3. Geschichte

Archiv für medizinische Erfahrung im Gebiete der praktischen Medizin und Staatsarzneikunde, hrsg. v. Dr. Horn in Berlin, Dr. Nasse in Bonn, Dr. Henke in Erlangen, Jg. 1820, März/April, Berlin 1820.
Enzensberger, H. M. u. a. (Hrsg.): Klassenbuch 1. Ein Lesebuch zu den Klassenkämpfen in Deutschland 1756–1850, Darmstadt und Neuwied ³1973.
Geschichtliche Quellenhefte mit Überblick. Die Welt im Wandel, Heft 8: Restauration und Liberalismus 1815–1849. Frankfurt/M. ⁷1974.
Huber, E. R.: Dokumente zur deutschen Verfassungsgeschichte, Bd. 1, Stuttgart 1961.
Informationen zu politischen Bildung, Nr. 163. Das 19. Jahrhundert 1. Monarchie-Demokratie-Nationalstaat. Hrsg. v. der Bundeszentrale für politische Bildung, Bonn 1975.
Nitsche, R./Kröber, W.: Grundbuch zur bürgerlichen Gesellschaft 1, Darmstadt und Neuwied 1979.
Ripper, W.: Liberale, nationale und demokratische Ansätze im 19. Jahrhundert (= weltgeschichte im aufriß – Themenhefte), Frankfurt/M.–Berlin–München, 1977.
Schmid, H. D. (Hrsg.): Fragen an die Geschichte, Band 3, Frankfurt/M. 1977.